Onomatopoeia Diet

らくらく簡単!!

全身やせ&部分やせ

オノマトペダイエット

進藤学

イラスト／前川さなえ
監　修／林田はるみ（桐蔭横浜大学教授）

双葉社

脳とカラダの架け橋

【オノマトペ】で健美ボディ!!

〝簡単エクササイズ〟という魅惑的な響きに誘われ、「コレなら私にもできそう!」と始めてみたのはいいものの…結局は毎度お馴染み…三日坊主…トホホ…。身に覚えのある方、結構いらっしゃるのではないでしょうか?

ダイエットやカラダ作りにおいて、一番大切なのは〝続けること〟。特別なトレーニング法や特別な食事法を取り入れ、なかなか続かず途中で挫折してしまうより、ナチュラルに生活に溶け込むくらいの〝ちょっとしたコト〟を取り入れ継続することが理想的。〝食後の歯磨き〟や〝モーニング珈琲〟…むしろ続けている意識すらない生活習慣。青空に向かって伸びをするように、自然とカラダが動く。なんだか…素敵ですよね!!

そこで、これまでの〝簡単〟から、もう一歩踏み込んだレベルの〝簡単〟⇓〝コレくらいなら私にもデキちゃう度〟をMAXに引き上げたエクササイズを考案しました。

それこそが…『オノマトペダイエット』です!!

【オノマトペ】という言葉に、ピン!とくる方もいるでしょうし、初耳!という方も多いのではないでしょうか? 【オノマトペ】とは、「ギュ〜」とか「トントン」「ピチャピチャ」といった、擬音語・擬声語・擬態語を包括的に表す言葉です。皆さんも生活の中で自然と使っているのではないでしょうか? こうした【オノマトペ】を活用して、単純明快&愉快痛快に楽しむことができ、いつの間にか健美ボディに導いてくれるエクササイズ。それが『オノマトペダイエット』の魅力です。

僕自身、エクササイズやダンスのレッスン講師として、【オノマトペ】のパワーを改めて実感しています。例えば「背筋を伸ばして…肩を下ろして首を長く…」と細かく説明するよりも、「さぁ一緒に…ピュ〜!」と一声かけるだけで、皆さん揃って「ピュ〜!」と理想的な美姿勢に。アレコレと頭で考えるより、「腕の付け根からニュルンと…」「グワ〜ンと腰を…」のように、言葉の響きをカラダに落とし込むことで結果的に理にかなったパフォーマンスに。「ネジネジ」や「タンタン」「バインバイン」などの【オノマトペ】を

はじめに

実際に声に出すことによって、力が抜けて自然な呼吸ができ、動きがイメージしやすくなったり、効かせたい筋肉にアプローチしやすくなるなど、エクササイズの質をナチュラルに高めることができます。

【オノマトペ】は、脳とカラダをスムーズに繋げる〝架け橋〟のような存在。楽しくて簡単、しかも効果的なエクササイズならば、「さて、やろう」と身構えなくても生活の中に自然に溶け込ませることができますよね。何はともあれ、肩の力を抜いて『オノマトペダイエット』を楽しんでみてください！　もしも「なんか…よく分からない」と感じたら、各エクササイズページのＱＲコードをスマホで読み取って〝お手本動画〟をチェックしてみてくださいね！　きっと、スッと理解が深まります◎

では…前置きはこれくらいにして…

レッツラ…オノマトペ!!

2021年11月

進藤学

Onomatopoeia Diet

CONTENTS

単純明快なイメージで即美姿勢

エクササイズ効果を最大にする

キーホルダーでピュ〜

動画でも
Check!!

“美しい姿勢”は
健美生活の基本。
ちょっとしたポイントを
意識するだけで
いつでもどこでも
“美調整”可能です◎

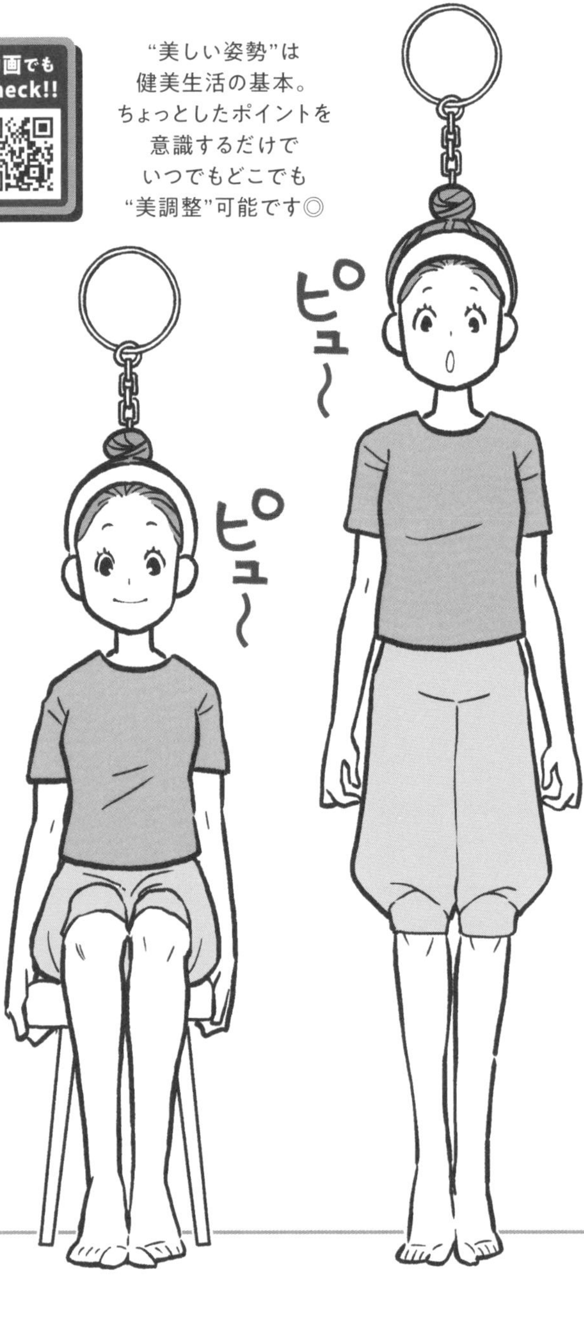

エクササイズでも日常生活でも、まず意識したいのが“正しい姿勢”。でも…アレコレ頭で考えると意外と難しいですよね!!　だからこそ“キーホルダー”だけをイメージ!!　自然とアナタだけの“正しい姿勢”に導いてくれます◎

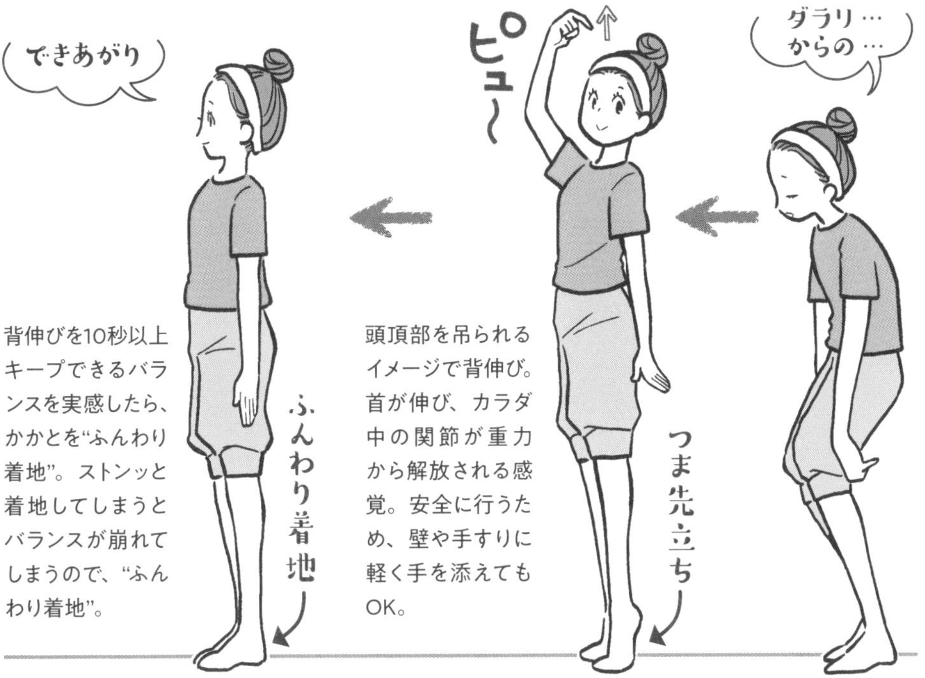

頭頂部を吊られるイメージで背伸び。首が伸び、カラダ中の関節が重力から解放される感覚。安全に行うため、壁や手すりに軽く手を添えてもOK。

背伸びを10秒以上キープできるバランスを実感したら、かかとを“ふんわり着地”。ストンッと着地してしまうとバランスが崩れてしまうので、“ふんわり着地”。

“背伸びキープ”でバランスを前に崩してしまう人は、“鳩胸”や“骨盤前傾”を少しニュートラルに。後ろに崩してしまう人は、“猫背”や“骨盤後傾”を少しニュートラルに調整してみて!! 自分だけの心地よいバランスが、きっと見つかるはず!!

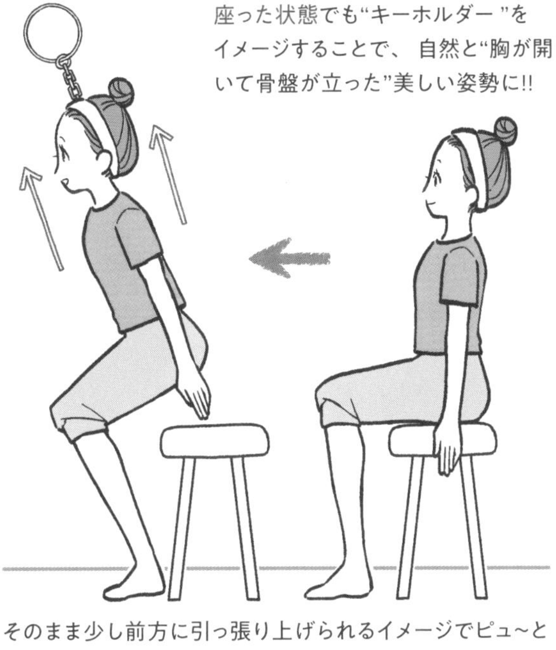

座った状態でも“キーホルダー”をイメージすることで、自然と“胸が開いて骨盤が立った”美しい姿勢に!!

そのまま少し前方に引っ張り上げられるイメージでピュ～と立ち上がれば、整った姿勢のまま行動できちゃいます!!

「力んで抜いてギュ…パァ!」

緊張するプレゼンの前などに!
あ〜 初めてのプレゼン
緊張する〜〜!!
は〜っ
ドキドキ
力の入れ方は自由♪
ギュー
10秒力んで…
ギュ…
リラ〜ックス!
パァ!
緊張と緩和を数回繰り返して心身ともにリラックスモード
これで無敵!
「緊張してないよ〜」とカラダに伝えてあげて!

Onomatopoeia Diet

エクササイズ.01

二の腕シェイプに最適なオノマトペ

"タプタプ二の腕"をネジって引き締め!!

二の腕ネジネジ

動画でも
Check!!

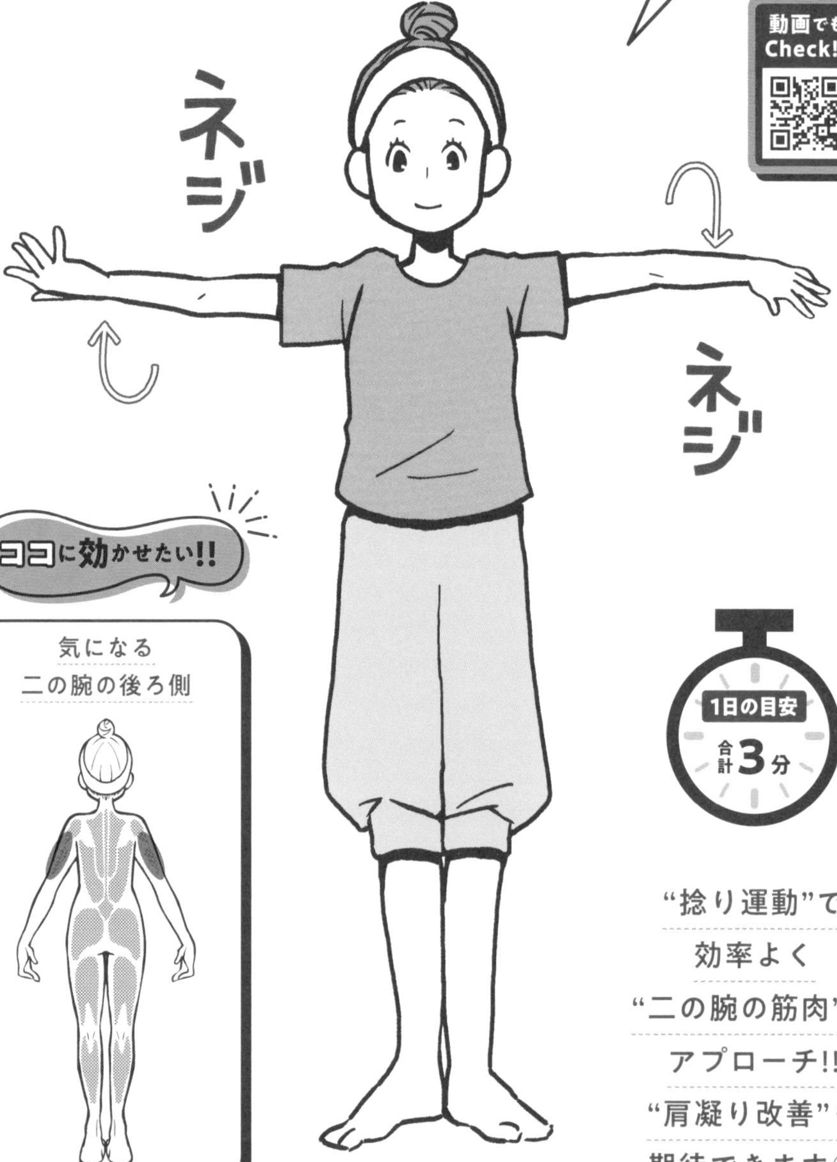

ココに効かせたい!!

気になる
二の腕の後ろ側

1日の目安
合計3分

"捻り運動"で
効率よく
"二の腕の筋肉"に
アプローチ!!
"肩凝り改善"も
期待できます◎

1 基本姿勢を意識。
両腕を水平に上げ、
左右の腕を互い違いに
ネジネジと捻る。

2 “二の腕”を意識し
“腕の付け根”からグルリ。
じっくり丁寧に繰り返す。

肩が上がってしまったり、手の平だけペラペラ動かしてしまうのはもったいない!! 正しく丁寧にネジネジしてみて!!

注射を打つポイントを上に向けたり下に向けたりする意識を持つと、“腕の付け根”からの“捻り運動”がイメージしやすいですよ!!

キッチリ曲げ伸ばして“振袖肉”にサヨナラ!!

二の腕オーライ

動画でも
Check!!

オーライ♪

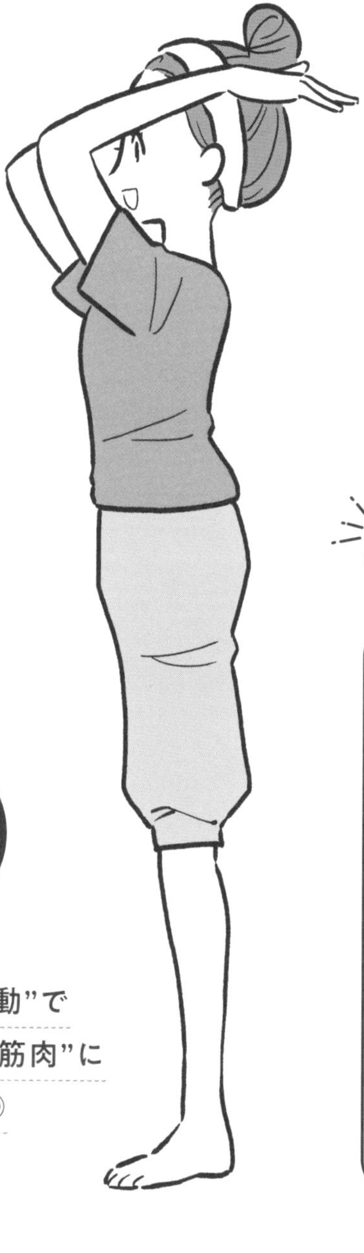

ココに効かせたい!!

緩みがちな
二の腕の後ろ側

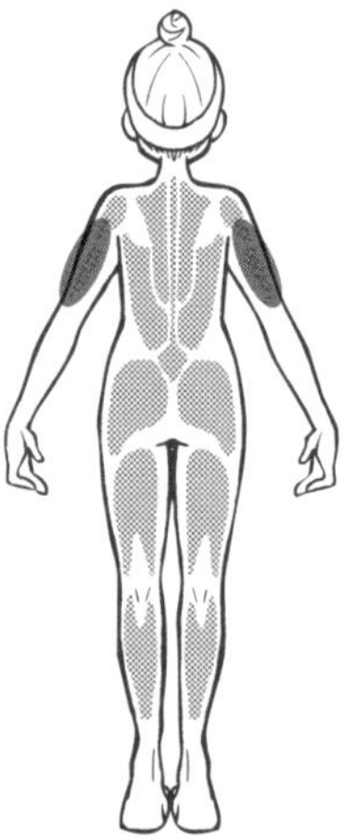

1日の目安
合計3分

腕の“曲げ伸ばし運動”で
効率よく“二の腕の筋肉”に
アプローチします◎

1

手の平が後ろを向くように、両腕を耳のラインに上げてバンザイ。肘を支点にし、腕を後方に曲げる。

2

“二の腕”を意識し、肘を支点に両腕をキュッ！と上げる。“曲げる”より“伸ばす”を大切にすると効果的。

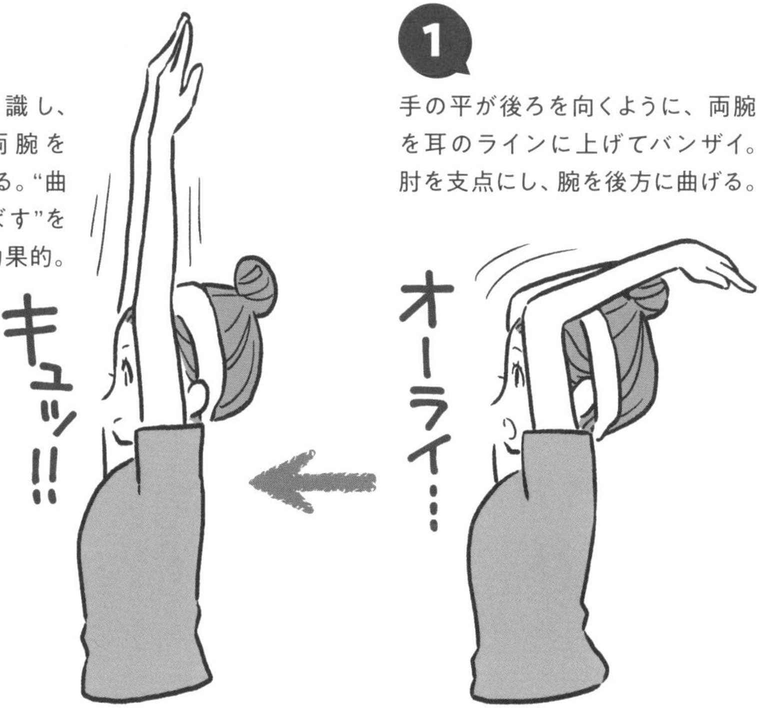

腕と一緒に肩が上がり、首が埋もれちゃってるオーライは、エクササイズ効果も半減……。見た目も残念……。

腕を上げても肩は上がらないように!!
バレリーナのように鎖骨を少～し下げる意識を持ってみて!!
まっすぐ上げるのがキツい場合は、無理のない角度でOK!!

愛情たっぷり!! 二の腕ほっそり!!

おにぎりニギニギ

動画でも Check!!

ニギニギ

ココに効かせたい!!

引き締めたい
二の腕の筋肉

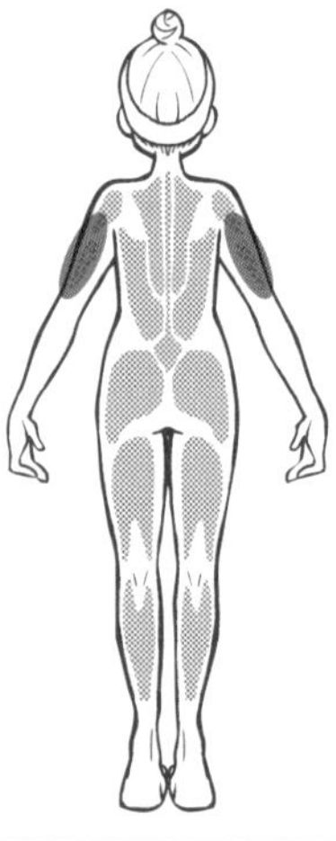

1日の目安
合計3分

なじみ深い
“おにぎり”を握る
モーションで
“二の腕の筋肉”に
簡単アプローチ◎

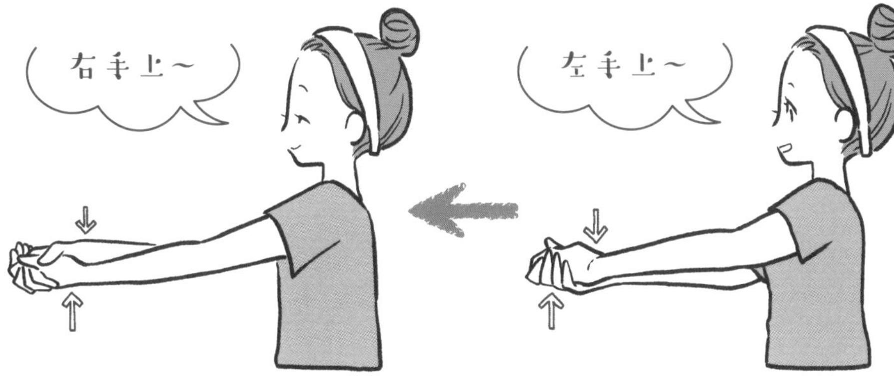

1

両腕を前に伸ばし、手の平を合わせて"おにぎり"を握るように上下にプッシュ。肘は自然に緩む程度にキープ。

2

"二の腕"を意識し手の平をプッシュ。上下を入れ替えて、リズミカルにニギニギ運動を繰り返す。

"猫背"や、肩の上がりすぎに注意!! 明るく健やかな姿勢でニギニギしましょう!!

美味しいおにぎりは"お米が潰れないように優しくふんわり"がポイントですが、"ほっそり二の腕"のために、時にはギュギュっと!!　お米をお餅にする心意気で!!

哀愁漂うエクササイズで“スッキリ二の腕”

壊れかけのマリオネット

動画でもCheck!!

／ギープラ／

ココに効かせたい!!

気になる
二の腕の後ろ側

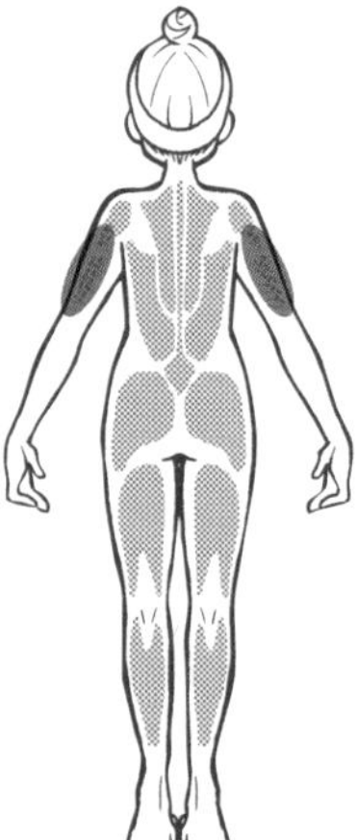

1日の目安
合計3分

肘を支点とした
腕の“持ち上げ運動”で
“二の腕の筋肉”に
集中アプローチ◎

1

カラダを少し左に傾け、右肘を肩くらいの高さに持ち上げキープ。肘から先は脱力。

2

肘の位置をキープしたまま“二の腕の筋肉”を意識し、肘から先を腕がまっすぐになるまでゆっくり持ち上げる。

3

再び肘から先をプラ～ンと脱力。スイスイと動かしてしまわず、❶と❷を丁寧に繰り返す。左腕も同様に。

肩が上がりすぎると“二の腕”への意識が薄れ、首や肩周りの負担になってしまうことも!!

時には
イキイキと…
時には儚く…
見えない糸で操られた
アナタだけの“壊れかけのマリオネット”……楽しんでみてください!!

いつでもどこでも二の腕シェイプ!!

太ももヴゥゥゥ

動画でも
Check!!

1日の目安
合計3分

ヴゥゥゥ

ココに効かせたい!!

緩みがちな
二の腕の後ろ側

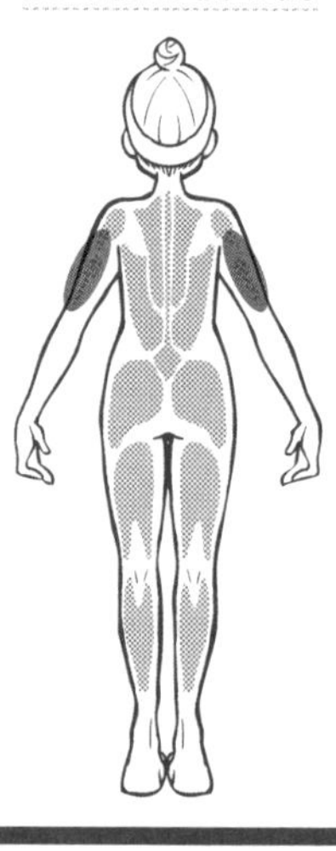

手の平で太ももを
プッシュ＆キープ!!
“二の腕の引き締め”に
効果抜群◎

腕
胸
背中
お腹
お尻
脚
全身
部分痩せ

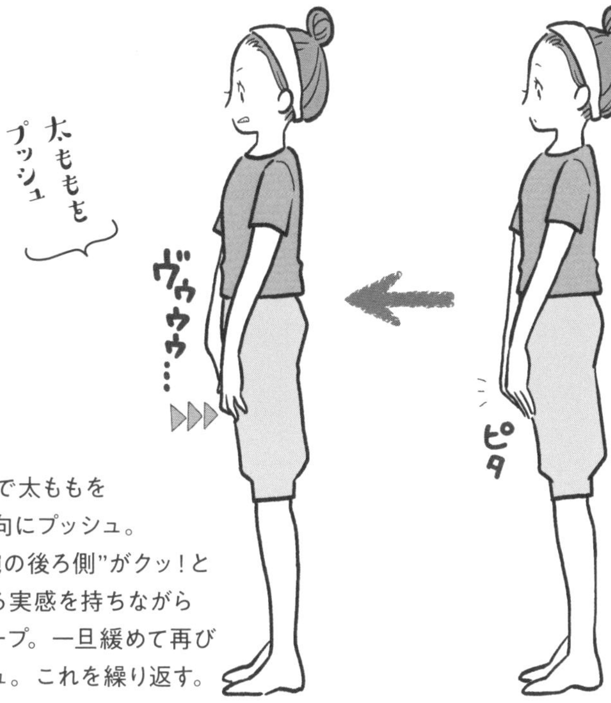

1

基本姿勢をキープしながら、太ももの前側に両手の平をピタッと添える。

2

手の平で太ももを後ろ方向にプッシュ。“二の腕の後ろ側”がクッ!と固くなる実感を持ちながら5秒キープ。一旦緩めて再びプッシュ。これを繰り返す。

ここがポイント!!

もはやトレーニングしてるとは思えない劇的地味なエクササイズですが、効果は抜群!! プッシュするところを変えてみることで、効くポイントも変わってきますよ!!　その地味さを活かして、人目を気にせずエクササイズを楽しんでみてください!!

愉快痛快!!　楽しんでいたら…二の腕キュッと!!

二の腕ドヤサ

動画でも
Check!!

ココに効かせたい!!

引き締めたい
二の腕の筋肉

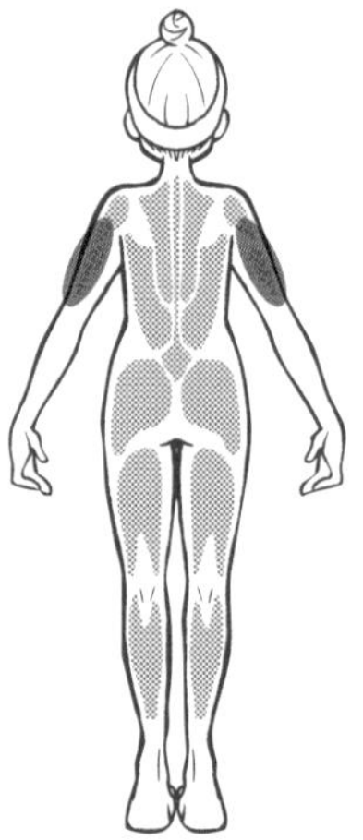

1日の目安
合計3分

“捻り運動”と
“曲げ伸ばし運動”
を組み合わせて
縦横無尽に
“二の腕の筋肉”に
アプローチ◎

1

まずは両腕を前ならえ。肘の位置をキープし、左右交互に曲げ伸ばし。手の平は、曲げる時は自分側、伸ばす時は向こう側。

2

伸ばすときに“二の腕”を意識。小手先ではなく腕全体でリズミカルに“捻り運動”と“曲げ伸ばし運動”を繰り返す。

お耳グルグルビーン

写真撮影前の小顔作り
いっしょに撮ろ～
あっ
ちょっと待ってね！
小顔になーれ♡
グルグル
ビーン
両耳をつまんで回したり軽くひっぱったりすれば気持ちよくリフレッシュ！
血行促進！小顔効果も！
こう～？
あ～気持ちいいね～
ビーン

Onomatopoeia Diet

エクササイズ.02

バストアップに最適なオノマトペ

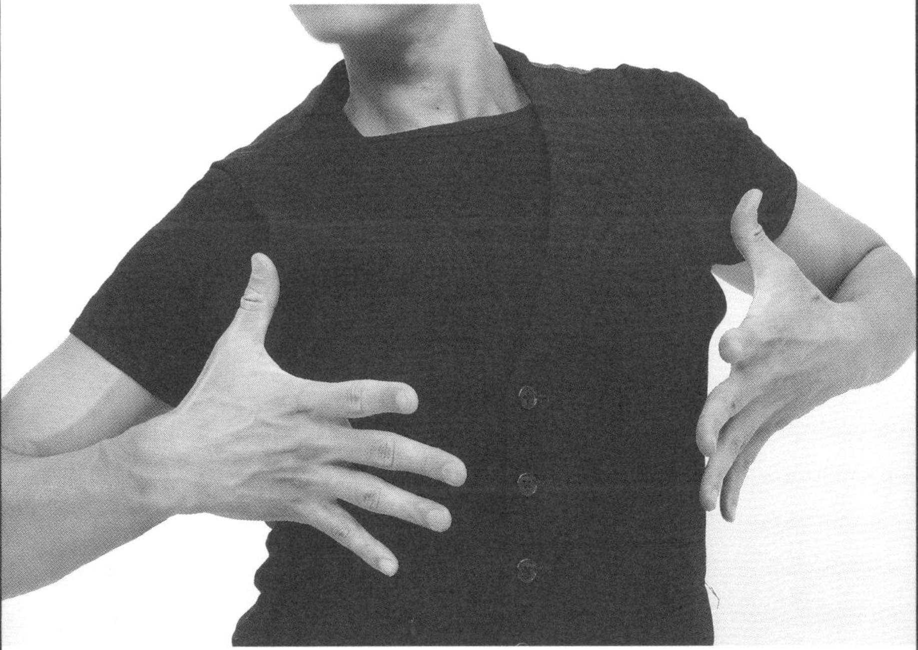

洗顔ついでにバストアップ!!

お顔ゴシゴシ

動画でも
Check!!

1日の目安
合計3分

胸の前で
両腕を合わせ
“上下運動”。
“バストアップ効果”が
期待できます◎

ココに効かせたい!!

寄せて上げたい
胸の筋肉

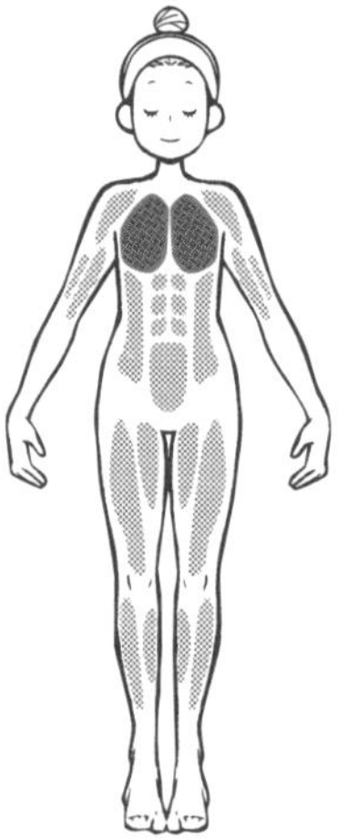

1

手の平を上に向け両腕を水平に。この時、肩が上がらないように気をつける。

2

“胸の筋肉”を意識し、まずは肘と肘をクローズ。肘から先は自然に合わさる感じ。

3

肩の位置はキープ。しっかり肘をクローズした状態で、腕を上下にリズミカルに動かす。

肩が上下してしまったり肘が開いてしまうと、それは…いたって普通の…いつもの洗顔ですね……。

動きに慣れてきたら、横の動きを取り入れた“ワイパーゴシゴシ”にもチャレンジしてみて!! 新たな刺激が加わり、肩周りの“ストレッチ効果”も!!

上品にお祈り!! ハリのあるバスト!!

お祈りニョキッ

動画でも
Check!!

ココに効かせたい!!

ハリを作る
胸の筋肉

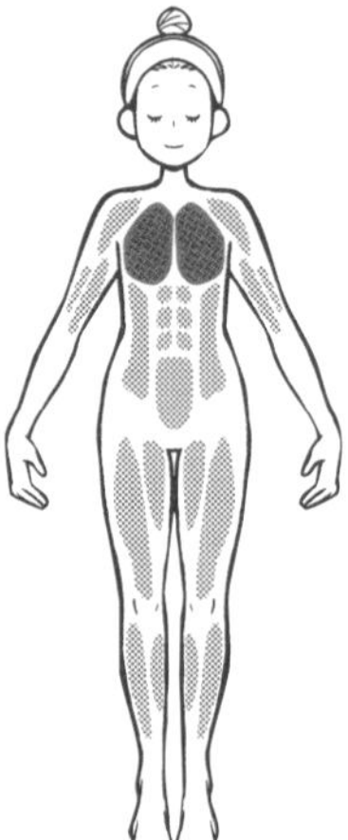

1日の目安
合計3分

手の平と前腕を
活用して効率よく
“プッシュ運動”。
胸の筋肉を立体的に
エクササイズ◎

1

手の平を胸の前で合わせてお祈りのポーズ。胸を意識し両手の平をプッシュ。

2

“胸の筋肉”に意識を集中し、両肘を合わせ両腕をクローズ。

3

ゆっくりと肘の開閉を繰り返す。“お祈りポーズ”は定位置でキープし、肘のクローズを少しずつ高くすると効き目に変化。

腕の上げすぎは“肩の負担”になってしまいます!!　マハラジャも楽しいですが、ここでは品よく“お祈りモード”!!

胸の進化を実感したら、自分へのご褒美!!　喜びの開花を!!　“お祈りニョキッ”の真骨頂は“パカッ”にあり!?　何はともあれ、楽しむことが一番です!!

スタイリッシュにクロス運動!!　胸の高まりを実感!!

お胸ヨイヨイヨヨーイ

動画でも
Check!!

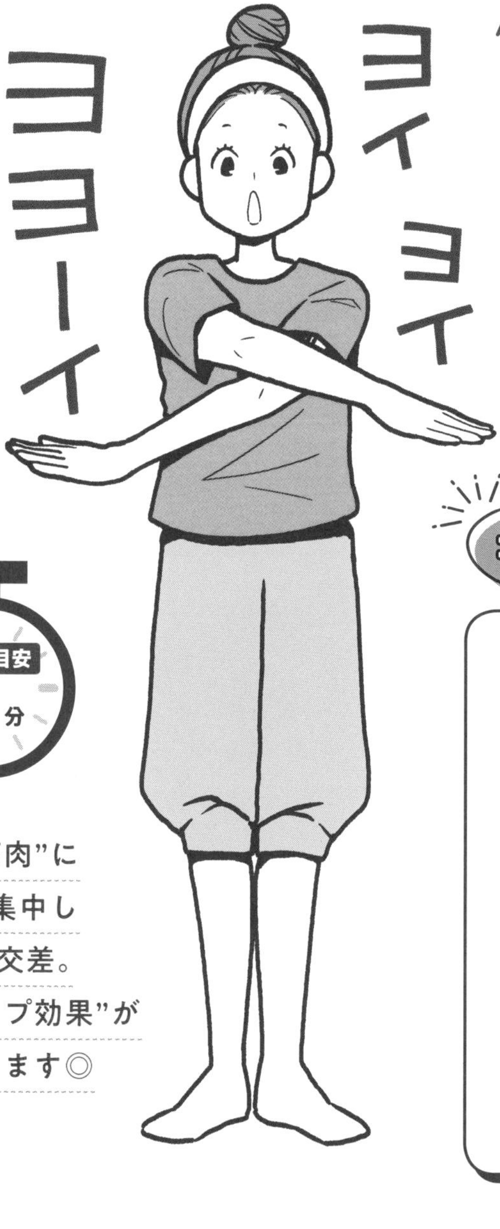

1日の目安
合計3分

ココに効かせたい!!

重力に負けない
胸の筋肉

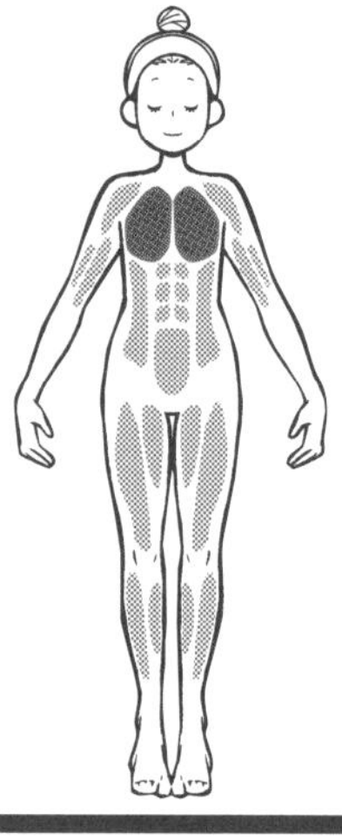

“胸の筋肉”に
意識を集中し
両腕を交差。
“バストアップ効果”が
期待できます◎

ヨヨーイ

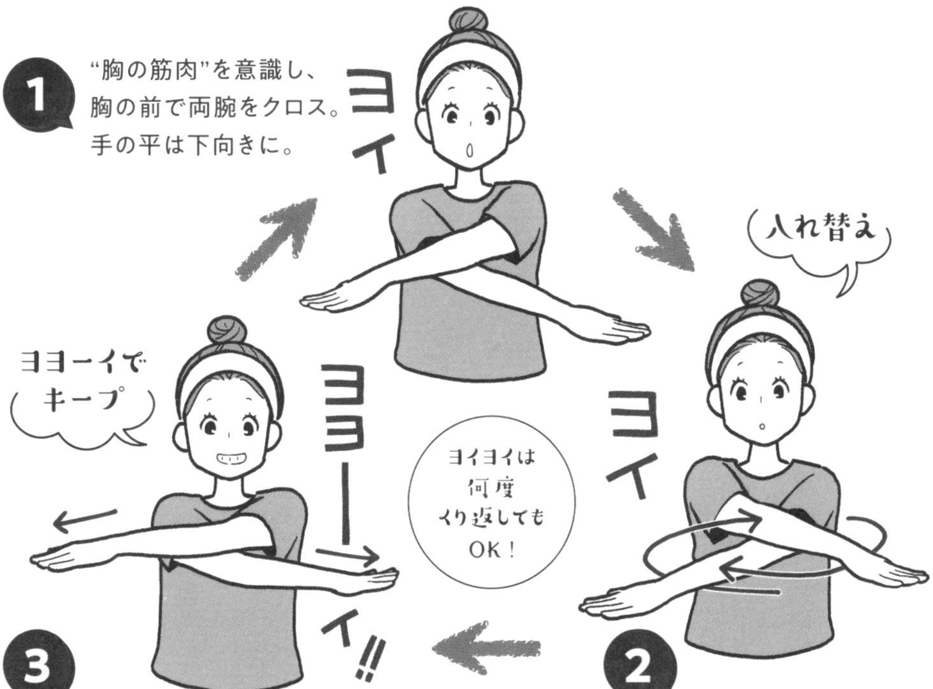

1 “胸の筋肉”を意識し、胸の前で両腕をクロス。手の平は下向きに。

2 いったん胸の緊張を緩めて腕のクロスを解き、上下を入れ替え再び腕をクロス。

3 リズミカルにクロスを繰り返し、“胸の意識”を高めてクロス&キープ。“胸の意識”→“その結果、腕がクロス”。このイメージを大切に。

肩が上がってしまったり、腕に力が入りすぎてしまうともったいない!!　腕はリラックスして、意識は胸に!!

腕の角度は、“胸の意識”が高まる45度くらいを目安に。慣れてきたら少しずつ角度を変えて楽しんでみて!!

「小胸筋ピタグルン」

デスクワークの合間に…
小胸筋
鎖骨の下のくぼみの下あたり
ピタッ
あ〜 こうすると ラクになる〜
グルン
グルン
"小胸筋"って聞きなれないけど アナタ意外と 使えるじゃない♡
首や肩のコリが ツラい時は 患部をアレコレ さわるより 小胸筋を 優しくほぐしてみて!
あっという間にラクになるよ〜

Onomatopoeia Diet

エクササイズ.03

スッキリ背中に最適なオノマトペ

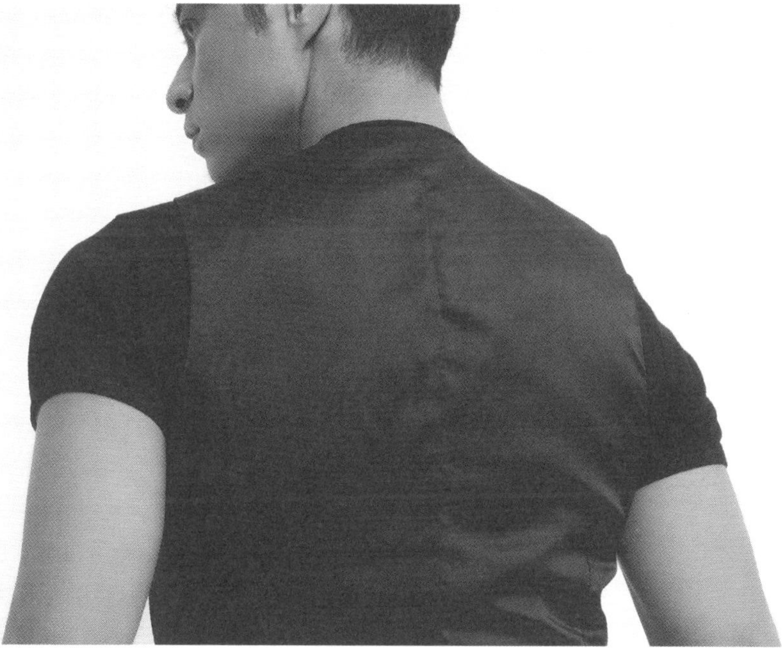

“振り子運動”で背中スッキリ!!

背中チクタク

肩甲骨を寄せながら
“振り子運動”することにより
意識しづらい背中の深部に
アプローチ!!　肩周りの
“ストレッチ効果”にも◎

＼チクタク／

ココに効かせたい!!

固まりがちな
肩甲骨周りの筋肉

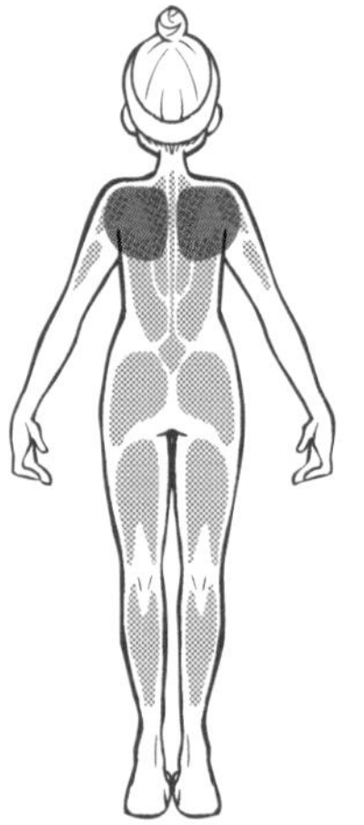

動画でも
Check!!

1日の目安
合計3分

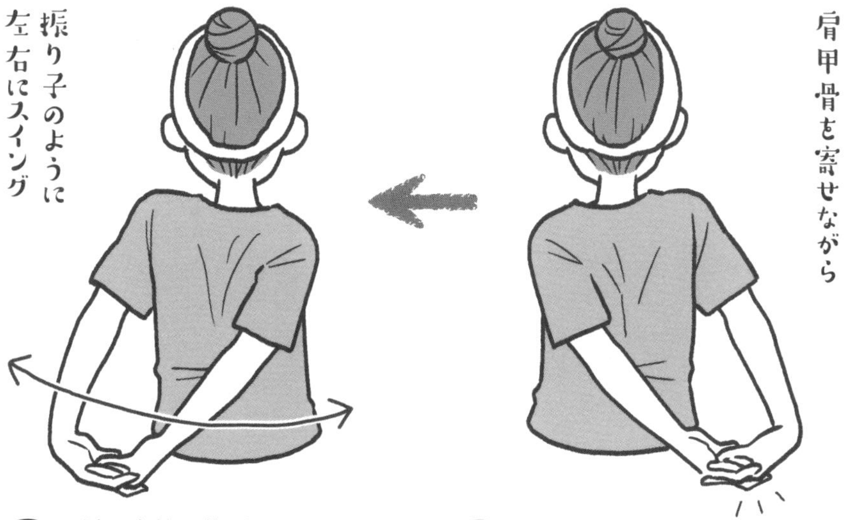

1 基本姿勢を意識。背中で両手を組み、肩甲骨をキュッと寄せ左右に揺らす。

2 肘は自然に伸ばし、肩が上がらないように“振り子運動”を繰り返す。

軸がブレてしまうと、効き目もブレちゃいます!! はじめは振り幅が小さくても大丈夫!! 少しずつ少しずつ…。

左右の振り子に慣れてきたら、“上下運動”も取り入れて立体的に背中にアプローチ!! 軽快にチクタク!! いい声でボーン!!

羽ばたいて手に入れる“天使の背中”

背中パタパタ

動画でも
Check!!

ココに効かせたい!!

固まりがちな
肩甲骨周りの筋肉

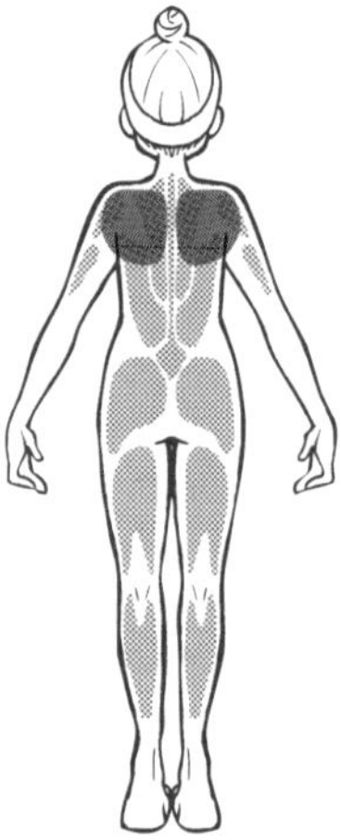

＼パタパタ／

肩甲骨の“開閉運動”で
“背中の筋肉”にアプローチ!!
スマホ操作やデスクワークで
丸まった背中を健やかに改善◎

1日の目安
合計3分

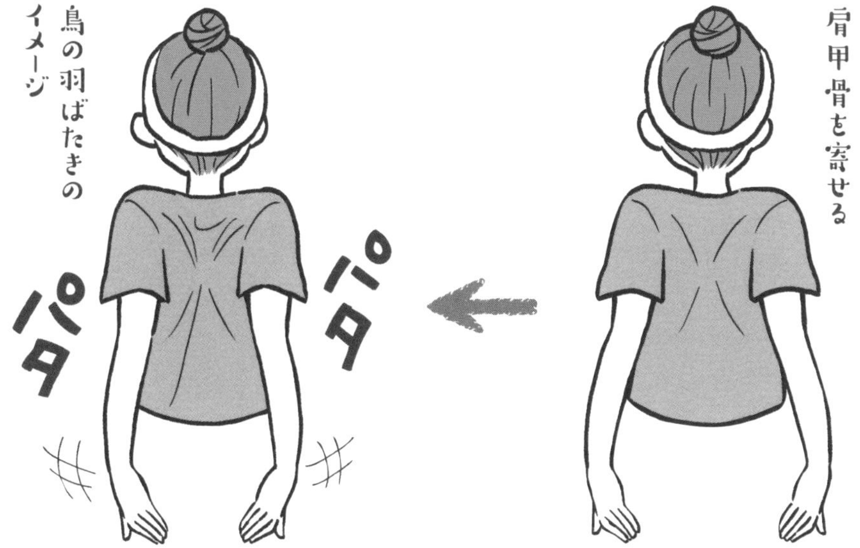

1 無理のない高さで両腕をカラダの後ろに伸ばし、肩甲骨をキュッと寄せる。

2 肩が上がらないよう気をつけながら、伸ばした両腕の“開閉運動”を繰り返す。

どうせパタパタするなら、小手先ではなく肩甲骨から!! “手の平ピラピラ”も手首の運動になりそうですけどね!!

股関節と膝を少し緩めると、余計な力が入らない“自然なパタパタ”が楽しめます!! その愛らしい姿は、まるでカルガモ親子の行進のよう♪

アナタが噂の“見返り美人”!!

振り返りセクシー

動画でも
Check!!

“振り返り運動”で
背中に捻りを加え
“肩甲骨周り”をエクササイズ。
左右差の実感で
カラダの
“バランス調整効果”も◎

／ユッサ／

1日の目安
合計3分

ココに効かせたい!!

スッキリさせたい
背中全体の筋肉

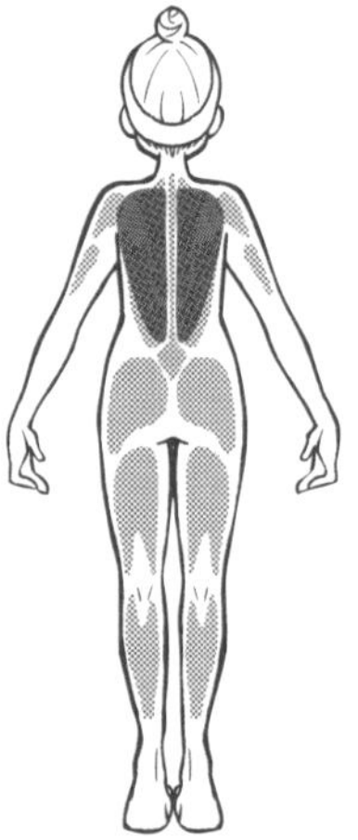

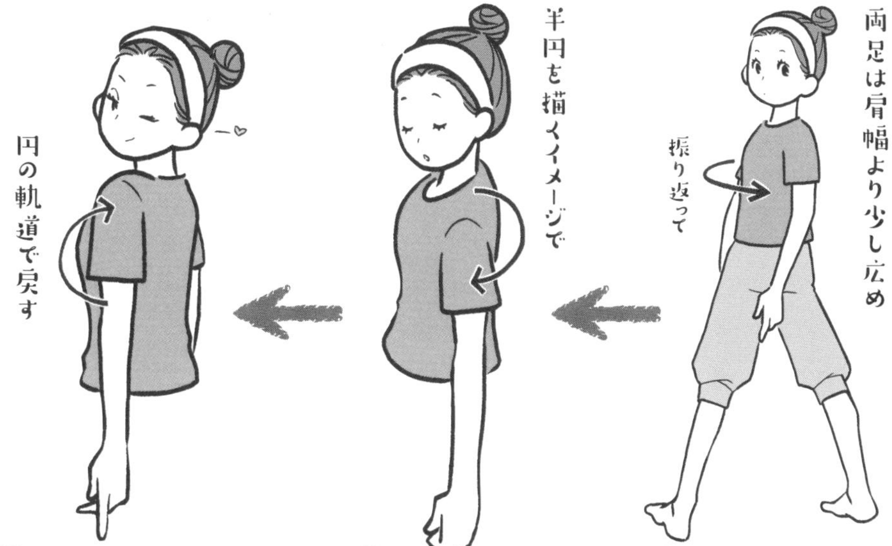

1 足幅は肩幅より少し広めに。
顔だけではなく、
"カラダの面"をグイッと
後方に向ける。

2
腕は脱力。
半円を描くイメージで
肩甲骨を下ろす。

3 ❷で描いた半円の流れで"円運動"を続け、
肩甲骨を元のポジションに。
"円運動"を滑らかに繰り返す。
反対側も同様に。

ここがポイント!!

"肩甲骨周り"を動かすときは、アゲアゲ↑↑ではなくサゲサゲ↓↓の意識を持ってみて!! どんなときでも首周りはスッキリセクシーに!!

時には"なりきり"も大切!! スポットライトを浴びたアナタは、立ち姿もバシッと!! そして艶やかに…!!

目指せ!! 自分史上最高の背中!!

ボートギーコギーコ

動画でも
Check!!

ギーコ

ココに効かせたい!!

意識しづらい
背中全体の筋肉

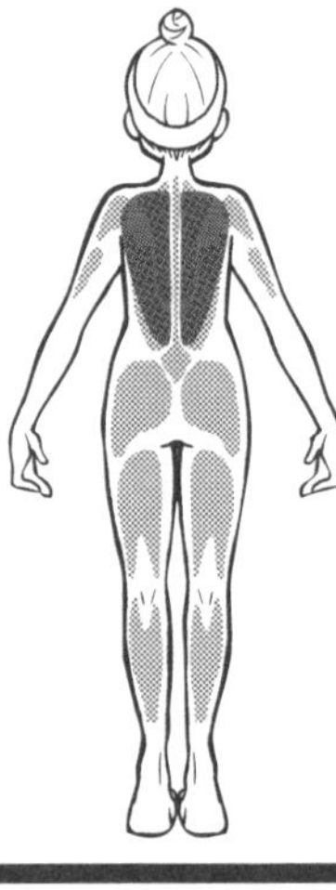

肩甲骨の“開閉運動”に意識を集中し、じっくりとエクササイズ。背中の“引き締め効果”はもちろん“姿勢改善”や“肩凝り解消”にも◎

1 **オールを握るイメージ**

基本の座り姿勢を意識。
肩はリラックスして下ろし、
ボートのオールを
握るイメージ。

3

肩甲骨をコーッと開きながら、 両腕を前方に伸ばす。
❷❸の動作をゆっくり繰り返す。

2

肩甲骨をギーッと寄せ、
両肘を後方に引き寄せる。

腕だけスコスコ動かしてしまうと、腕がパンパンになっちゃうぞ!! 意識は背中に!!

手漕ぎボートの“水の抵抗”をイメージすると、効果的なギーコギーコになりますよ!! 想像力を味方に!!　爽快な川下りを楽しんでみて!!

座れば座るほど…背中が美しく!!

座面ヴゥゥゥ

動画でも
Check!!

1日の目安
合計3分

ヴゥゥゥ

ココに効かせたい!!

意識しづらい
背中全体の筋肉

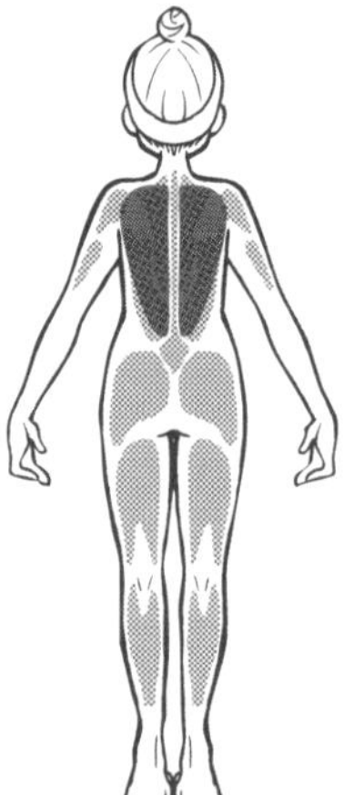

“背中の筋肉”に意識を集中し
“引く”エネルギーを生みだすことで、シンプルに
“背中の筋肉”にアプローチすることができます◎

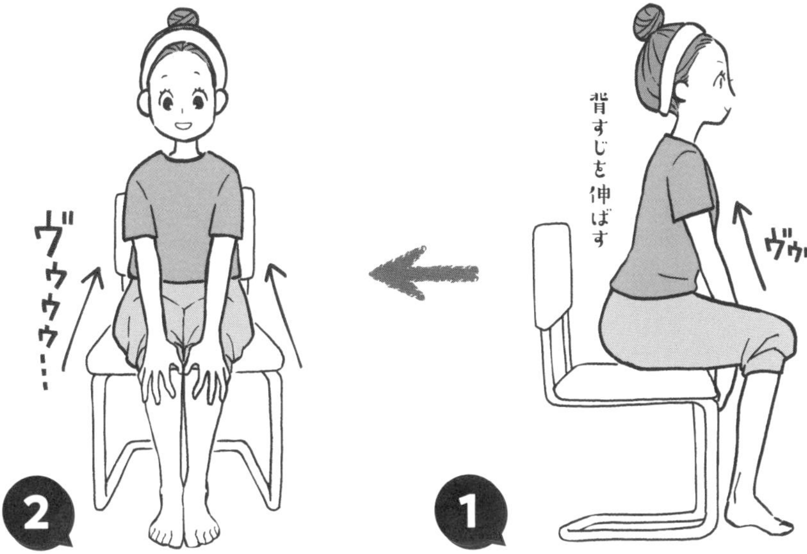

1

背すじを伸ばし、基本の座り姿勢を意識。広げた両足の間で座面をつかみ、背中を意識してカラダを引き上げ5秒キープ。一度リラックスし再び引き上げ、この動作を繰り返す。

2

座面の代わりに膝を包み込むように活用することで、足を閉じた状態でもエクササイズ可能。

まずは基本姿勢!! 骨盤立てて背すじピン!! せっかくなら効率よくエクササイズ!!

学生時代の背筋力測定…いまいちコツが掴めなかった人も多いはず!!　今こそリベンジ!! 意識は腕ではなく…背中!! 背中に意識集中すればリモート会議中でも自然な笑顔で好感度UP!!

膨らむ想像力!!　引き締まる後ろ姿!!

背筋W《ダブリュ》V《ブイ》

動画でも
Check!!

1日の目安
合計5分

／ダブリュ／

ココに効かせたい!!

スッキリさせたい
背中全体の筋肉

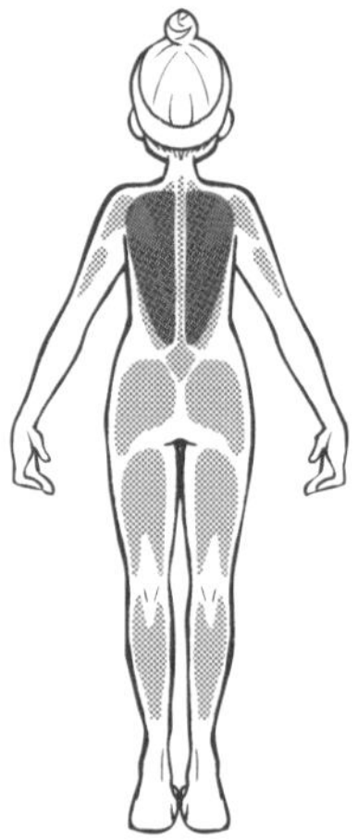

背筋トレーニングの代表格“ラットプルダウン”の
動作をリアルにイメージすることで
高いエクササイズ効果を生みだすことが可能に◎

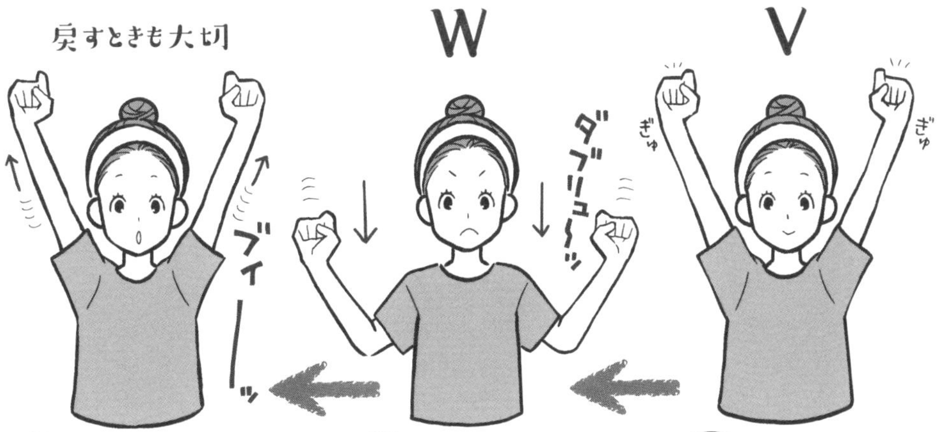

1
基本の座り姿勢を意識。
バーを握るイメージで
両腕を上げる。

2
肩甲骨を寄せ"重たいものを
引き下ろす"イメージで、
ゆっくりと両腕を"W"に。

3
"重たいものに引き戻される
のを耐える"イメージで、
ゆっくりと再び両腕を"V"に。

"やってる風"は
もったいない

ビーンビーン
×100より、
ダブリュユユ…
ブイィィィ…×1
を是非!!

"ジムにあるマシン"のイメージはもちろん、
映画で観たことがある(!?)"修行"のイメージ
や"熱気球を引っぱり戻す"イメージ……
いつでもどこでも想像力次第で、
トレーニングできちゃいます!!

仰向けダルダル

朝起きたら
ふあ〜
寝ぼけつつ…
ダル
ダル
ダル
あ〜
カラダぽかぽかして
イヤな事忘れる〜…
わたし
しあわせ〜♡
指先まで
脱力
して〜
仰向けになって
手足を天井に伸ばして
小刻みに揺らしてみて！
筋肉が緩んで
巡りも良好に！
目覚めの
スイッチにも
GOOD！
リラックスしたい
就寝前にも
OK！

Onomatopoeia Diet

エクササイズ.04

ウエストシェイプに最適なオノマトペ

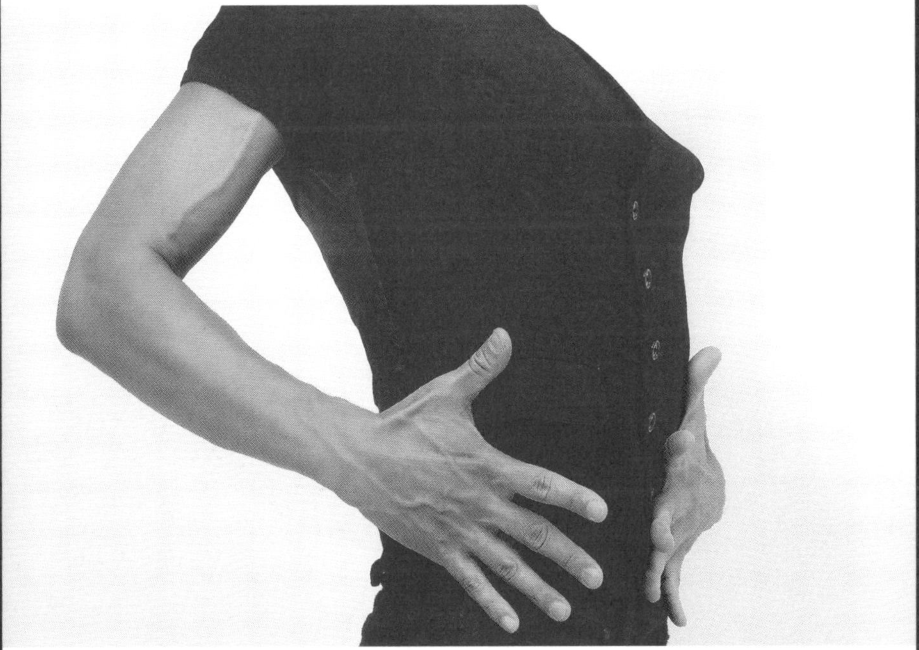

コルセットはアナタの中にある!!

お腹ペッコー

ココに効かせたい!!

引き締めたい
お腹の筋肉

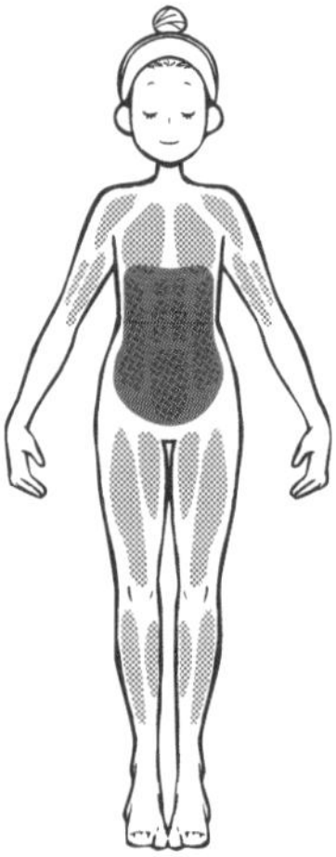

動画でも
Check!!

姿勢と呼吸を意識。
カラダの内側から
負荷をかけることで
“お腹周りの引き締め”や
“姿勢改善効果”が期待できます◎

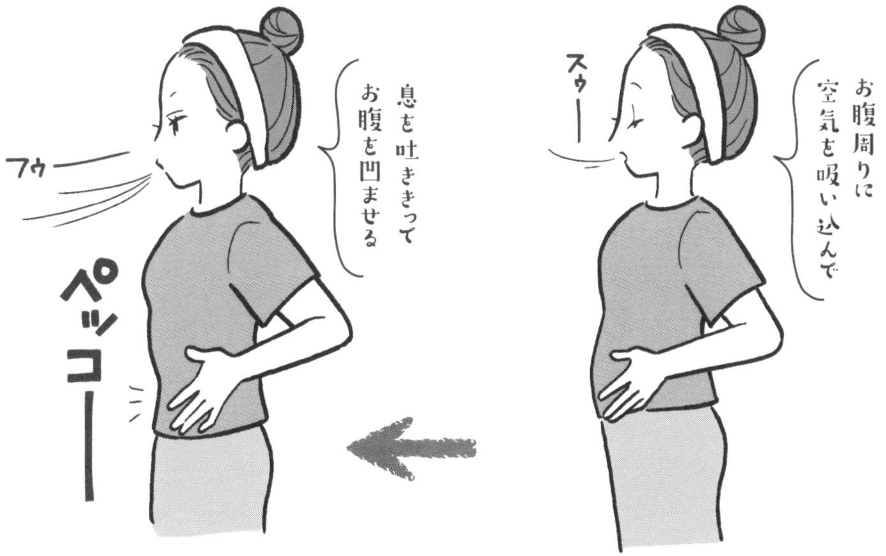

1 基本姿勢を意識しながら、お腹に空気を吸い込む。背中や脇腹も意識して“お腹周り”に空気を満たす感覚。

2 “お腹の空間”が圧縮されるのをイメージしながら息を吐き切り、凹みをキープ。呼吸は“胸”でゆっくりと。

はじめは息を止めてしまいがちですが、ゆっくりと落ち着いて“胸”で呼吸してみてください!!
お腹はペッコー!!
あとはリラックス～♪

水風船をキュッとつまんでウニョンと伸びる感覚を取り入れてみて!!
慣れてしまえば腹凹が生活の一部に!!　柔らかいゴム紐などを用いると、“ペッコー状態”をキープする感覚が掴みやすくなりますよ!!

※妊娠中の方はダメ

時短エクササイズの真骨頂!!

骨盤トントン

胸と骨盤を逆方向に
回転させることによって
生まれる"捻り運動"で
"お腹周り"に集中的に
アプローチ◎

動画でも
Check!!

トントン

ココに効かせたい!!

取り外したい
"浮き輪"肉

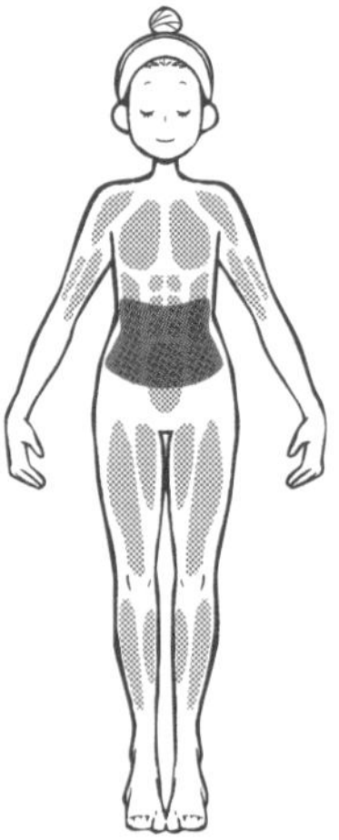

1日の目安
合計3分

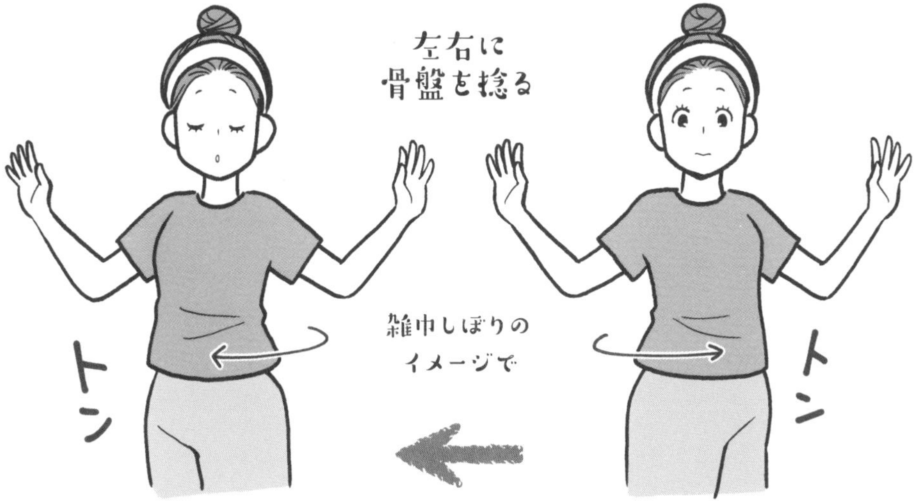

1 足をそろえて基本姿勢。
両腕をリラックスして開き、
骨盤の“面”を左右に振る。

2 カラダの軸はまっすぐ。
上半身を正面にキープしながら、
胸と骨盤での“捻り運動”を
リズミカルに繰り返す。

骨盤と上半身が同方向に回ってしまうと、“くびれ作り”から遠ざかっちゃいます!! “お腹周り”には…“捻り”が一番!!

上半身の正面キープが難しいときは、壁に手を添えてトントンしてみて!! “お腹周り”にクックックッと“絞り”の感覚が伝わるはず。慣れてきたら少しずつスピードUP!! 目指せ…超高速トントン!!

童心にかえって…ウエストシェイプ!!

駄々っ子モーモー

動画でも
Check!!

モーモー

ココに効かせたい!!

くびれを作る
お腹の筋肉

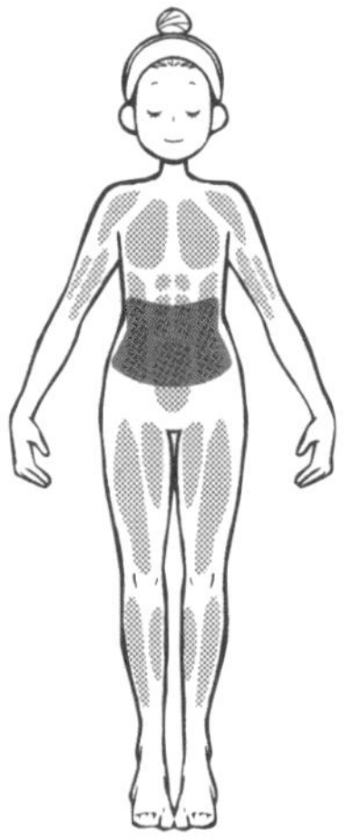

1日の目安
合計3分

骨盤を固定し
上半身で“回転運動”。
“お腹周りの引き締め”に効果的◎

基本の座り姿勢をキープ。
両腕は軽く肘を曲げ胸の前に。
骨盤を固定し、上半身で左右に“回転運動”。

顔は正面キープ。
軸がブレないように意識しながら、
“カラダの面”を左右に向ける
イメージでリズミカルに繰り返す。

いつの間にか“手だけモーモー”になってる人、よく見かけます!! むしろ手は動かさず、ボディでモーモー!! ボディで駄々っ子!!

たまには大人だって駄々っ子になりますよね。そんなときこそ“くびれ作り”のチャンス!!　より激しく…より美しく…“完璧な駄々っ子”を目指してみて!!

ゴマすり上手は"くびれ美人"

ゴマすりズリズリ

動画でも
Check!!

1日の目安
合計3分

ズリズリ

ココに効かせたい!!

取り外したい
"浮き輪"肉

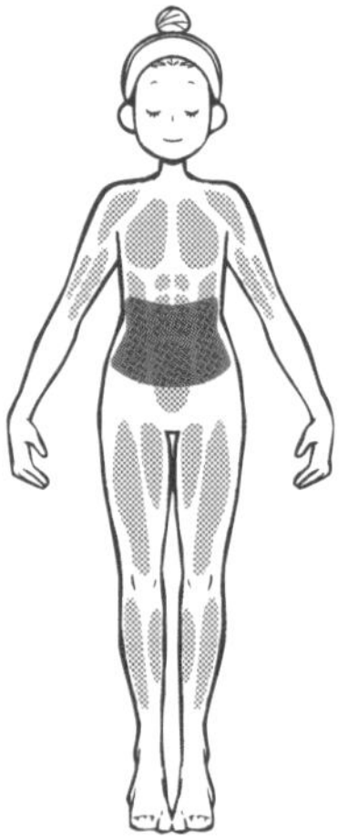

骨盤の"前傾後傾運動"を活用しながら
上半身で"回転運動"。"お腹周りの引き締め"
"骨盤周り"をほぐす効果も◎

1 足を肩幅くらいに開き、基本の座り姿勢。胸の前で“ゴマすり棒”を握るイメージ。骨盤の“前傾後傾運動”を活用しながら“みぞおち”で円を描く。

2 大きく回そうとせず、“ゆっくり丁寧に”を心がけてズリズリする。逆回しも同様に行う。

一生懸命に大きくズリズリしようとして、お尻が浮いてしまっていませんか？ お尻は椅子にピタッとくっつけておいて!!
小さな“円運動”でも丁寧にズリズリすれば効果大!!

手だけの動きになってしまうともったいない!! せっかくなら、カラダを使って“くびれ”を手に入れましょ!! 世渡り上手の“ゴマすり”は、小手先ではなくカラダとココロから!!

腕
胸
背中
お腹
お尻
脚
全身
部分痩せ

お腹もスッキリ!! で合格間違いなし!!

面接ヴゥゥゥ

動画でも
Check!!

1日の目安
合計3分

／ヴゥゥゥ／

ココに効かせたい!!

引き締めたい
お腹の筋肉

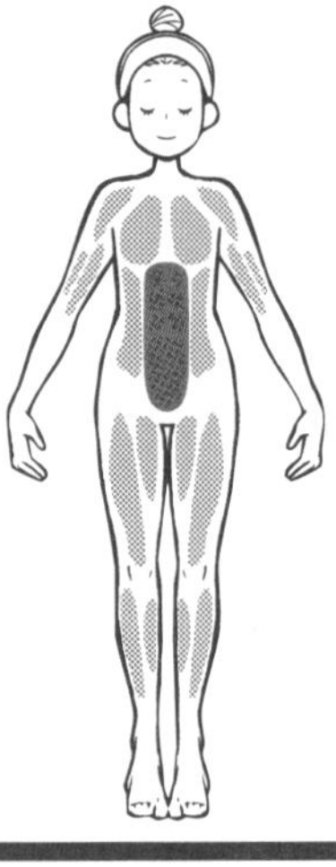

姿勢を意識し
膝に置いた手を
下方向にプッシュ!!
シンプルに“腹直筋”に
アプローチが可能◎

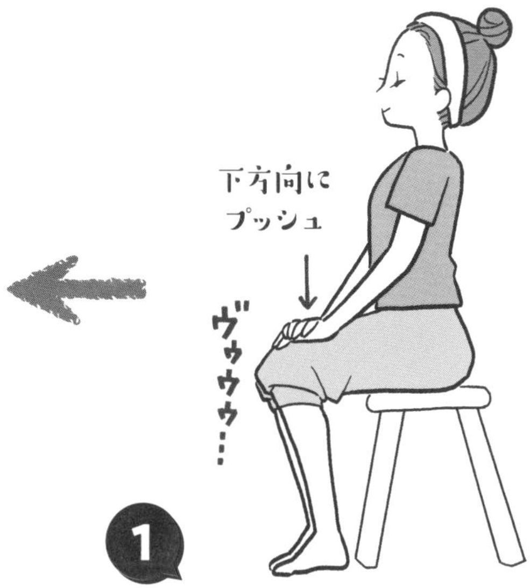

基本の座り姿勢を意識。両手を膝の上に添え、下方向にプッシュ。腹筋が固くなるのを実感しながら5秒キープし、一度リラックス。“プッシュ＆キープ”とリラックスを繰り返す。

手を置く位置を変えることで、効かせたいポイントを調整可能。左右にポイントをずらせば、“脇腹”に集中アプローチ。

背中が丸まっていると、お腹にアプローチしづらくなってしまうだけでなく、腰を痛めてしまうことも!!　まずは基本姿勢!!　美しく座って…美しくヴゥゥゥ…!!

姿勢を正して…ヴゥゥゥ…!!　いつでもどこでも…誰からも悟られず…腹筋エクササイズ!!　面接中は話を聞きながらヴゥゥゥ…!!　受け答えのときはリラックス!!　コレで合格間違いなし!?

くらげが漂い…くびれが出現…

くらげユラユラ

カラダの軸を意識し脇腹の“伸縮運動”。
ウエストの“くびれ作り”に効果的。
ゆっくりカラダを使うことで
“体幹の意識”も高まります◎

動画でも
Check!!

1日の目安
合計3分

ココに効かせたい!!

くびれを作る
お腹の筋肉

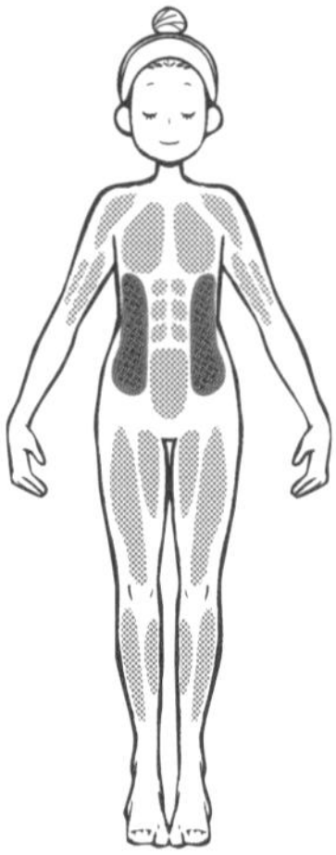

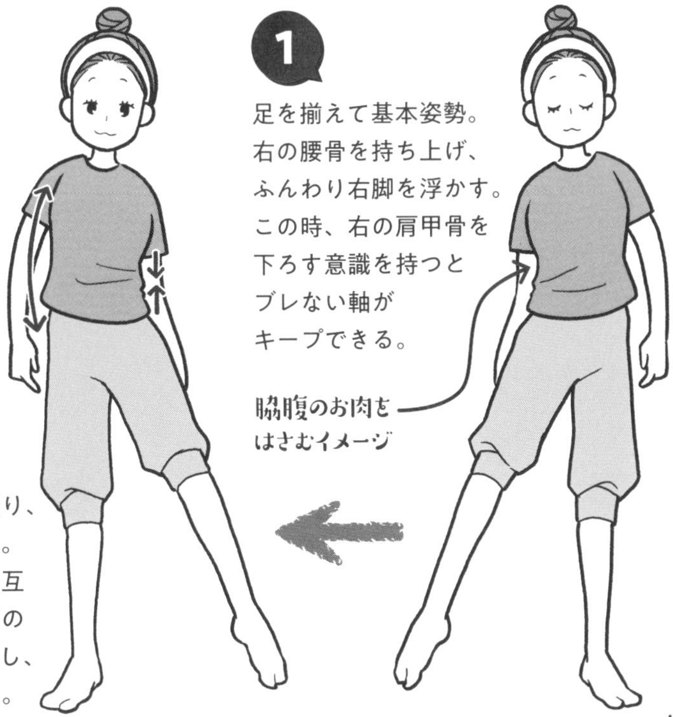

1

足を揃えて基本姿勢。右の腰骨を持ち上げ、ふんわり右脚を浮かす。この時、右の肩甲骨を下ろす意識を持つとブレない軸がキープできる。

2

再び基本姿勢に戻り、左側も同様に行う。ゆったりと左右交互に繰り返す。脇腹の“伸び縮み”を意識し、手足はリラックス。

これはNG

軸が左右に揺れちゃダメ

骨盤の傾きだけに気を取られていると、上半身が左右にカチカチカチカチ…メトロノーム状態に!! 腰骨と肩甲骨で脇腹のお肉をガシャンとはさむイメージでブレない軸を!!

ここがポイント!!

“くらげユラユラ”は座りながらでも可能!! デスクワークや乗り物で長時間座っているときなど、ユラユラしながら軽く足踏みすることで、全身の血行促進効果も期待できます!!

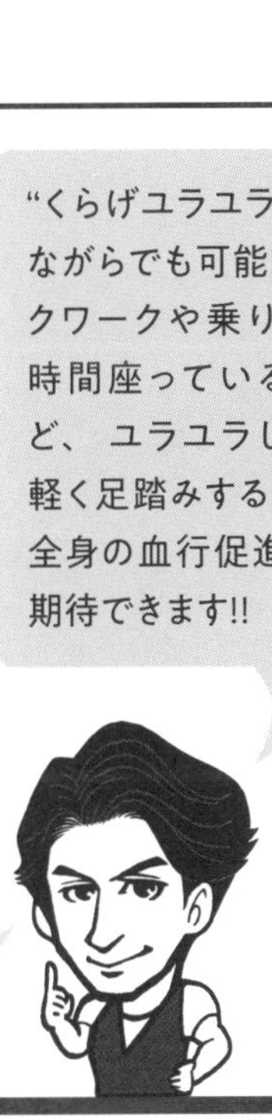

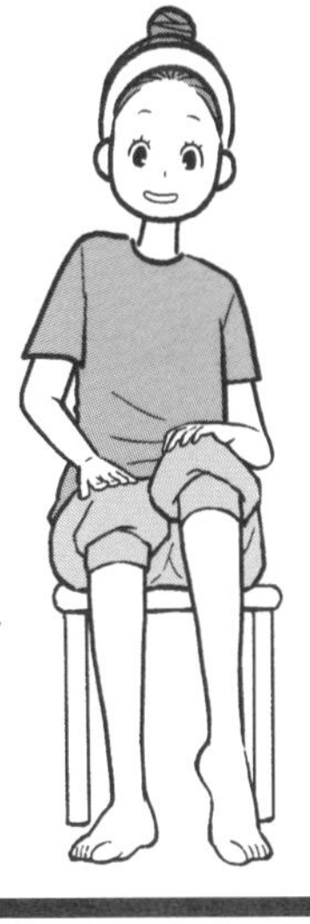

骨盤ギーギー

就寝前の
骨盤リセットに
あら 私の骨盤 左右の感じけっこう違うわ〜
ギー
ギー
地味な可動域でOK!
ニャー
ニャー
むっ マネするニャー
普段なかなかしない
骨盤を上下にズラす運動
左右のバランスを整えて
全身の巡りも良好に!
巡りをよくして ぐっすり おやすみ
Z
Z

Onomatopoeia Diet

エクササイズ.05

ヒップアップに最適なオノマトペ

お尻

バレリーナ気分でヒップアップ!!

ひし形ニュ〜

動画でも
Check!!

股関節を意識した
“屈伸運動”から
“内ももとお尻”に意識を
集中して行う
“絞り上げ運動”。
“お尻の引き締め”に
効果あり◎

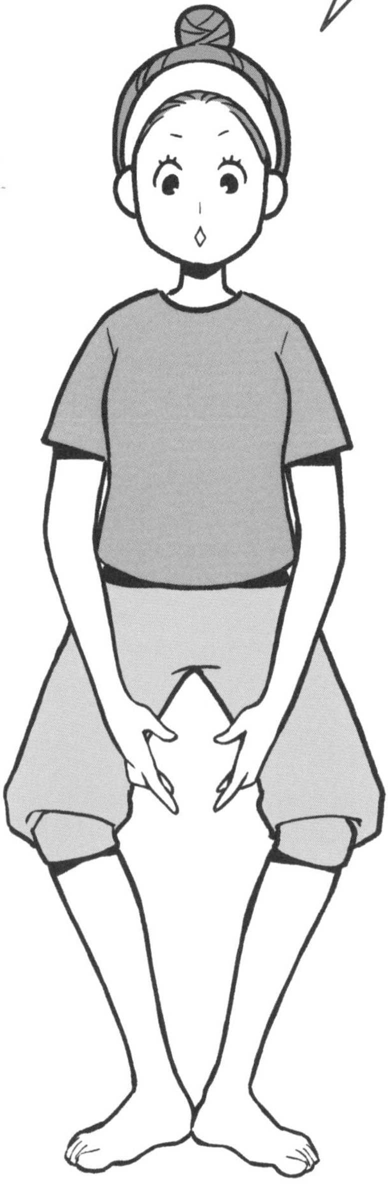

\ニュ〜/

ニュ〜

ココに効かせたい!!

たるみがちな
お尻の筋肉

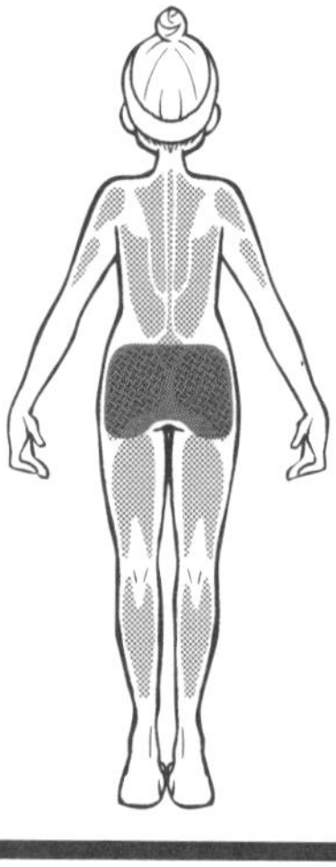

1日の目安
合計3分

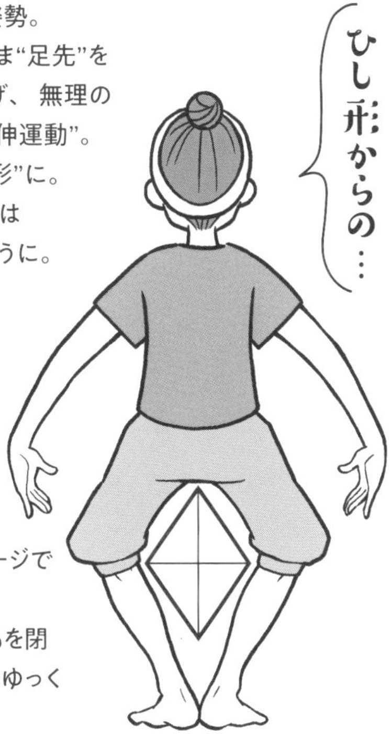

1 足を揃えて基本姿勢。
かかとは閉じたまま“足先”を90度くらいに広げ、無理のない可動域で“屈伸運動”。
両脚の間を“ひし形”に。
つま先と膝の向きは同じ方向を向くように。

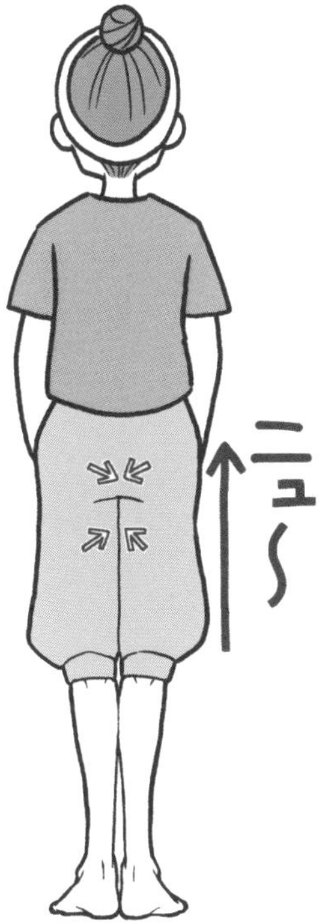

2 内ももからお尻にかけて、ニュ〜と“絞り上げる”イメージで基本ポジションに戻る。
お尻を締め、しっかり内ももを閉じる意識。一連の動作をゆっくり繰り返す。

足先を揃えた状態で無理矢理“ひし形”を作ろうとすると、カラダを痛めてしまうリスクが!! つま先と膝は“同方向”が基本。関節には優しく接してあげてください!!

ここがポイント!!

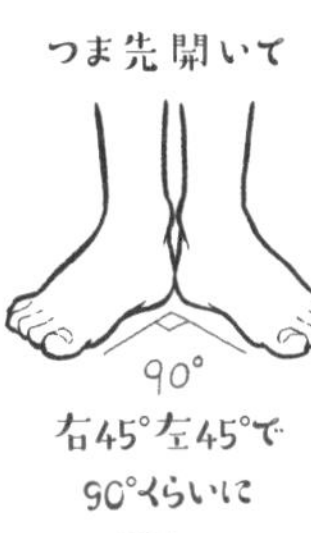

惚れ惚れしてしまうバレリーナのプリエ（屈伸運動）をイメージしてみて!! 滑らかで美しい動作はエクササイズ効果を飛躍的に高めてくれます!!

艶めかしく地面を舐め上げ…美尻GET !!

後ろベロン

1日の目安
合計3分

動画でも
Check!!

ココに効かせたい!!

引き締めたい
お尻の筋肉

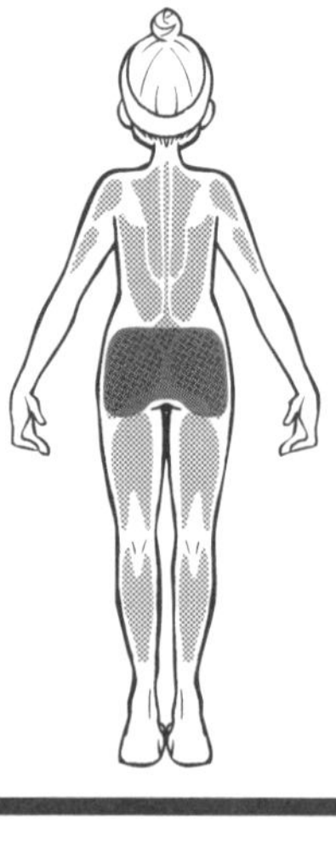

後方への
“蹴り上げ運動”により
“お尻の筋肉”に集中アプローチ!!
“体幹意識”を高める効果も◎

1

まずは足を揃えて基本姿勢。股関節と膝を少し緩ませリラックス。

2

セットポジションをキープしたまま、ゆっくり片足を後方に。骨盤は左右に傾けず正面キープ。

3

“お尻の筋肉”を意識しながら、ゆっくり片足を後方に蹴り上げ、再びセットポジションに。足を左右入れ替え、交互に繰り返す。

“蹴り上げ”に夢中になって骨盤が横に向いてしまうともったいない!! “蹴り上げ”は低くても大丈夫。骨盤を正面に向けてお尻がキュッと固くなる喜びを!!

スコスコと蹴り上げるのではなく、スローモーションのように蹴り上げることで“ヒップアップ効果”も↑ 浜辺で追いかけっこするカップルを思い浮かべてみて♥

ステップ踏んで♪お尻を上げて♪

尻もちタンタン

“お尻”に意識を集中させながら
サイドステップを行うことで
効率よく“お尻の筋肉”にアプローチ◎

動画でもCheck!!

1日の目安
合計3分

ココに効かせたい!!

持ち上げたい
お尻の筋肉

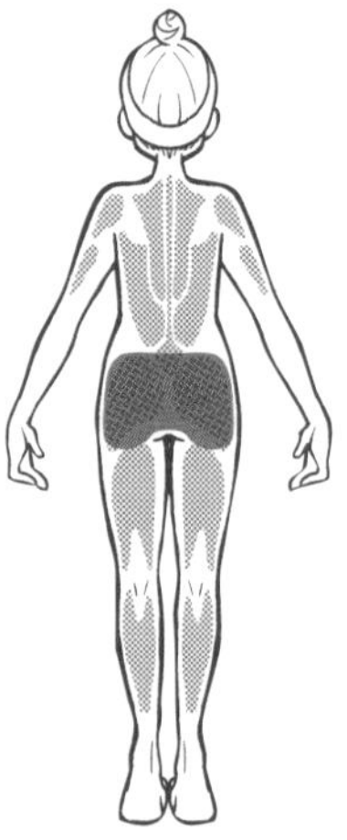

／タンタン／

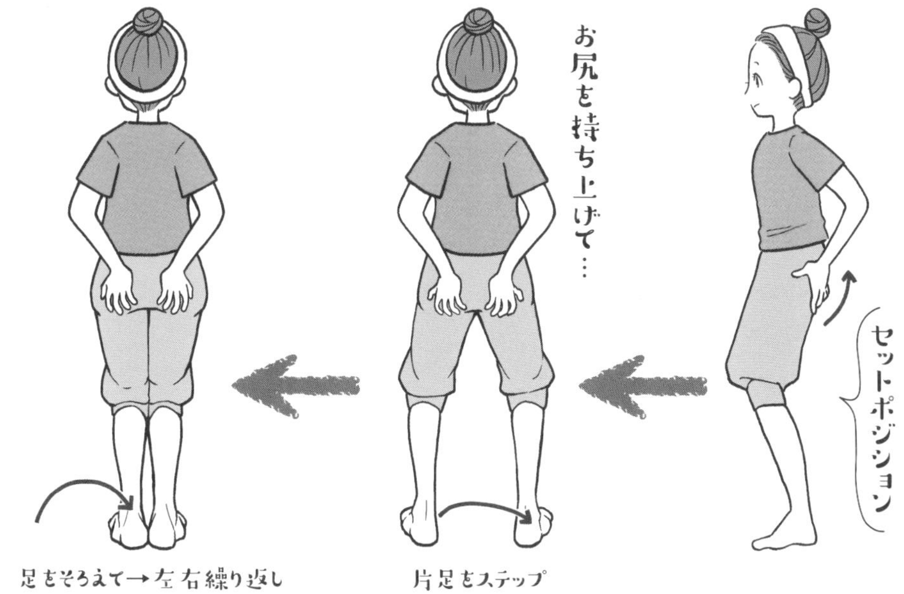

1

まずは基本姿勢。膝を少し緩め、両手でお尻を"下から上"に持ち上げる。

2

"お尻"にクッと力を入れ、右にステップ。足幅は無理なく腰幅くらいに。

3

"お尻"を意識したまま、ステップした右足に左足をそろえる。次に左足を左にステップしそろえ、サイドステップを繰り返す。

骨盤が後ろに傾きすぎてしまうと、バランスを崩してしまいます。上半身に影響を与えない"骨盤の傾き"を丁寧にコントロールしてみて!!

リズミカルにステップが踏めるようになったら、かかとを少し上げてみて!! 負荷がグッとUP!! お尻がプルプルしても…ステップは軽快に!!

お尻ペシペシ

お風呂上がりは親友との
おしゃべりでストレス発散！
カラダもココロも
デトックスしなきゃ♪
ペシペシ
ポチポチ
カカトが
お尻にタッチ
しなくても
大丈夫◎
横になってお尻をペシペシ
一日がんばった足を
リフレッシュ！
もも裏エクササイズ
&
前もものストレッチ
にも！
クロスペシペシ
もいいよ
足と反対側の
お尻をペシペシ
よっ
ペシ！

Onomatopoeia Diet

エクササイズ.06

しなやか美脚に最適なオノマトペ

“振り子運動”で美脚をGET!!

股関節チクタク

骨盤を正面に向け
脚で左右に“振り子運動”。
“閉じる動作”を意識することで
“内もも”に集中アプローチ◎

動画でもCheck!!

1日の目安
合計3分

ココに効かせたい!!

スッキリさせたい
脚の筋肉

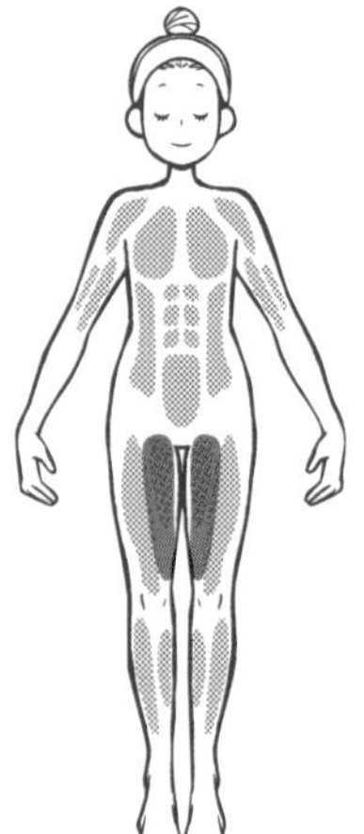

／チクタク／

2

骨盤正面をキープ。
“内ももの筋肉”を意識し、
左脚を内側にスイング。
外側&内側の
“振り子運動”を
リズミカルに繰り返す。

1

基本姿勢を意識。
骨盤を正面に
向けたまま、
左脚をカラダの
外側にスイング。

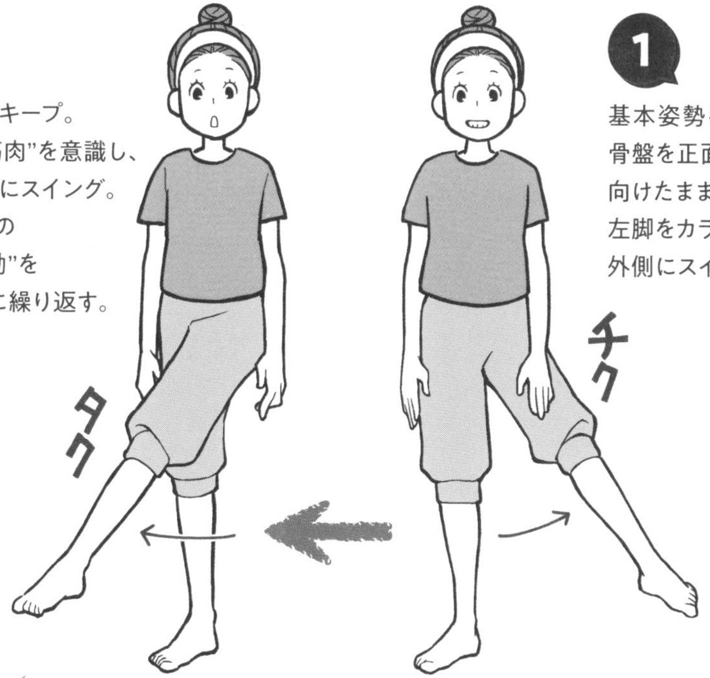

これはNG

“振り子運動”と共に
上半身や骨盤がアチ
コチ向いてしまうと、
効かせたいポイントが
ブレてしまいます!!
骨盤は正面キープ!!
シンプルな“振り子運
動”を心がけましょう!!

ここがポイント!!

安全にチクタクするため
に、 椅子などに手を添え
てもOK!!　内側にスイン
グしたときが“内もも引き
締め”の最大のチャンス!!
チクタク…チクタ〜クと少
し長めに“振り子キープ”
するのもオススメです。
椅子の脚にゴチンしない
ように気をつけてね!!

動きは控えめに…効き目は大胆に!!

内ももモジモジ

動画でも
Check!!

ココに効かせたい!!

緩みがちな
内ももの筋肉

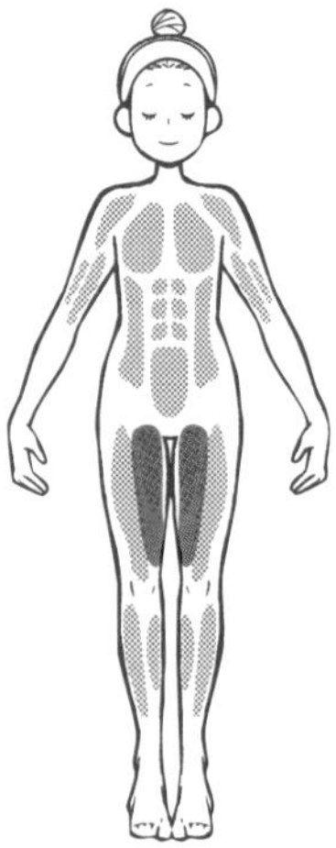

モジモジ

内ももの“プッシュ運動”で
日常生活で緩みがちな
“内転筋”に集中アプローチ◎

1日の目安
合計3分

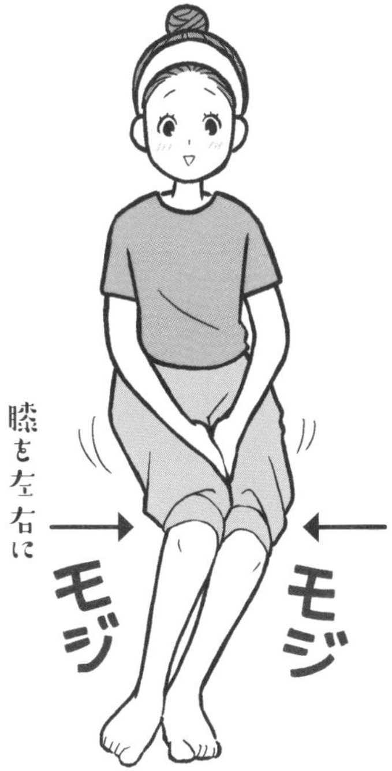

1

まずは基本姿勢。
背中が丸く
ならないように
股関節と膝を緩め、
合わせた手を
両膝ではさむ。

2

“内ももの筋肉”を意識し、
はさんだ手をプッシュ。
軸をキープしたまま、
リズミカルに
膝を左右に揺さぶる。

手をはさむことに
執着しすぎて
背中が丸～く
なってしまうと、
腰を痛めてしまうリスクが!!
まずは股関節を緩ませて、
無理のない姿勢を意識。
モジモジするときも、
明るく前向きに!!

座ったときに“お股”が
緩んでる人、 いませ
んか? 座りながらモ
ジモジすることも可能
ですので、 腰を下ろ
したタイミングで“内
ももの意識”を高める
習慣をつけてみて!!

おウチでの移動はコレで決まり!!

かかとトコトコ

動画でもCheck!!

つま先を持ち上げ
“かかと”で足踏み。
普段あまり意識しない
“スネの筋肉”に
集中アプローチ◎

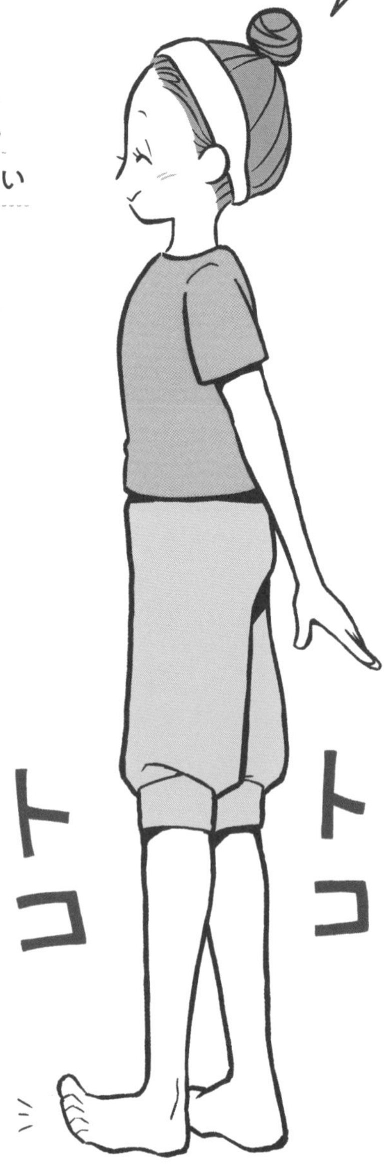

ココに効かせたい!!

衰えやすい
スネの筋肉

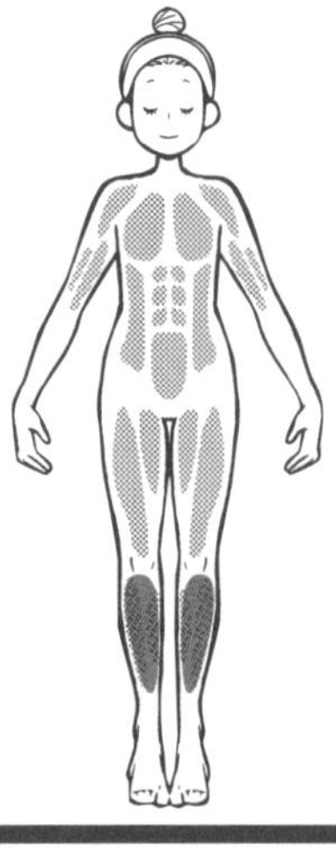

1日の目安
合計3分

／トコトコ／

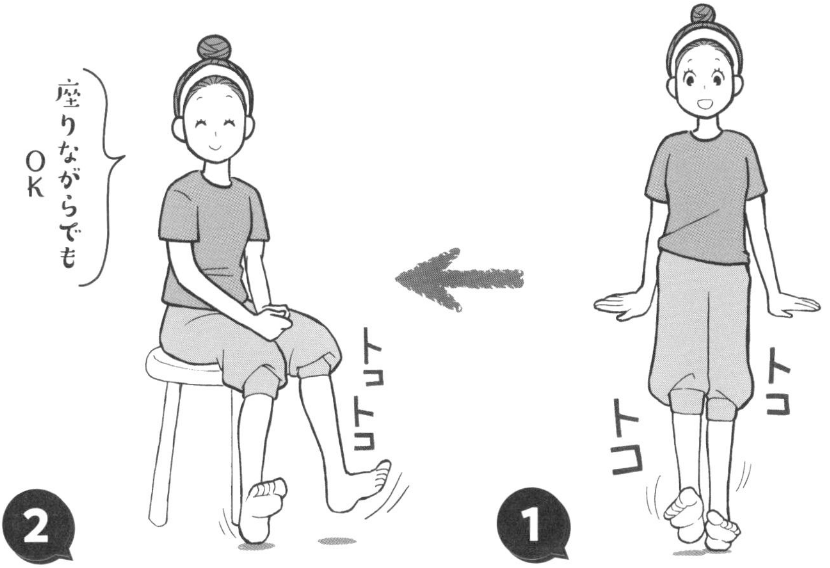

まずは足をそろえて基本姿勢。
“スネの筋肉”を意識し、つま先を持ち上げかかとで“足踏み運動”。 バランスをとりながらリズミカルに。

座った状態でも“つま先上げ“を意識するだけで、 しっかりと“スネの筋肉“にアプローチ。 トコトコで軽い刺激を加えることで、 “骨の強化“にも効果的。

かかと重心は、
それだけで
オットットッと
危ないバランスになりがち。
骨盤を立たせた基本姿勢
を大切に、 安全トコトコ
を楽しんでくださいね!!

ここがポイント!!

ウォーキング中も
たまにトコトコ

とてもシンプルな動きなので、 簡単に生活に取り入れることができますよ!! おウチの中はもちろん、 移動中もトコトコ!! 目指すは…“つまずき知らず”の美健脚!!

その脚線美…まるでクチバシの如く!!

膝スンスン

ココに効かせたい!!

スッキリさせたい
脚の筋肉

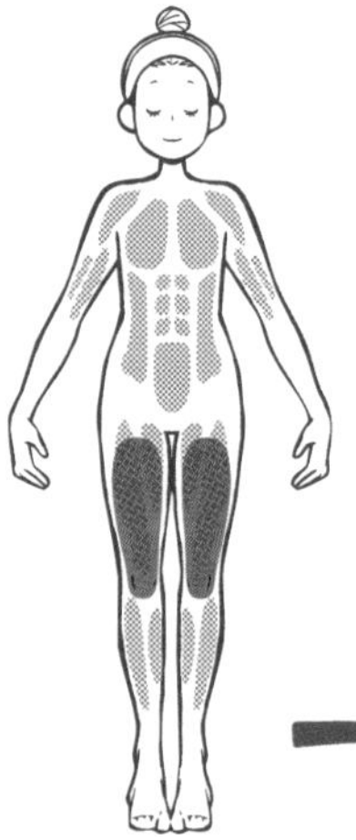

1日の目安
合計3分

動画でも
Check!!

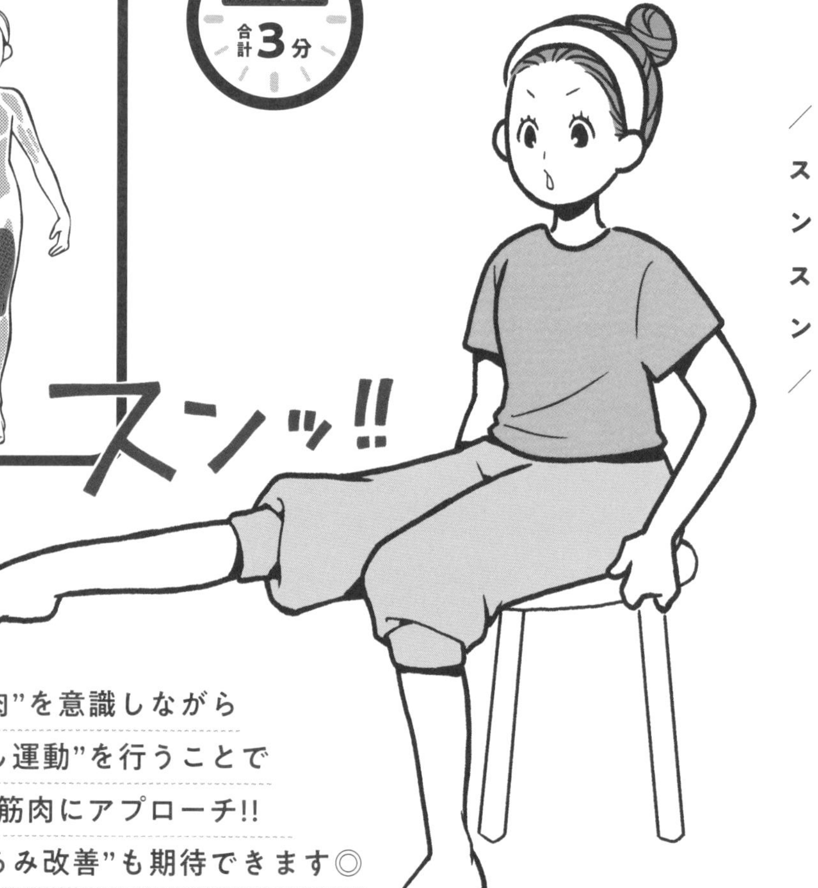

“膝上の筋肉”を意識しながら
“曲げ伸ばし運動”を行うことで
衰えがちな筋肉にアプローチ!!
膝上の“たるみ改善”も期待できます◎

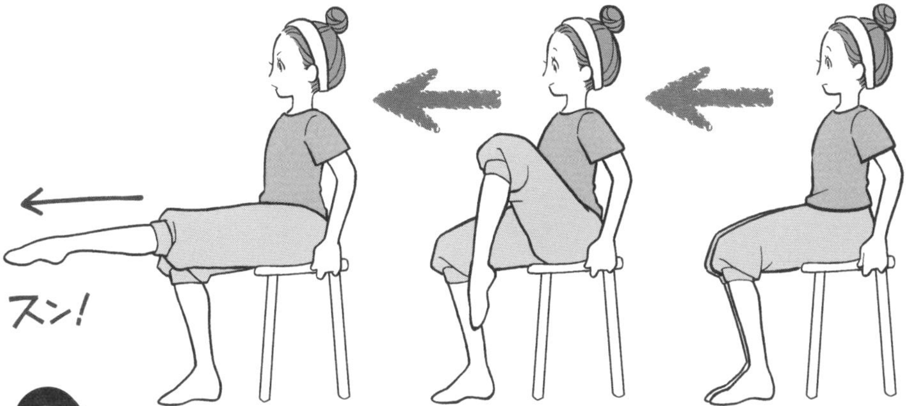

1

まずは基本の座り姿勢。
カラダを安定させるため、
椅子に手を添える。

2

股関節を“折り込む”
イメージで左膝を上げ、
胸に引き寄せる。

3

太ももの前側の筋肉、
特に“膝上部分”を意識して
脚をスンッと伸ばす。
右脚も同様に、
左右交互に繰り返す。

「膝を上げる!!」という意識が先行すると、上体ごと後ろに倒れてしまいます。まずは股関節を意識→ついでに膝が上がる。くらいのイメージでカラダを使うと、背すじもスッキリ!! 下っ腹にもアプローチできちゃいます!!

ここが ポイント!!

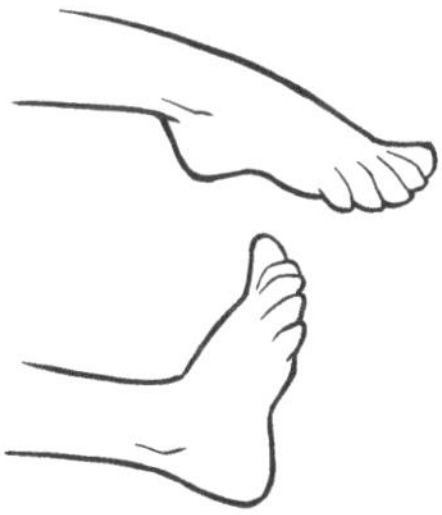

足先は
伸ばしても
上に向けても
OK

つま先はツンと伸ばしてもクッと上向きにしても、どちらもOK!! それぞれ、脚の前側後側のストレッチ効果あり!! つま先コントロールで、目指すは……美脚マスター!!

笑顔で弾んで!!　セルフリラクゼーション!!

膝裏バインバイン

ココに効かせたい!!

疲労が溜まりやすい

膝裏

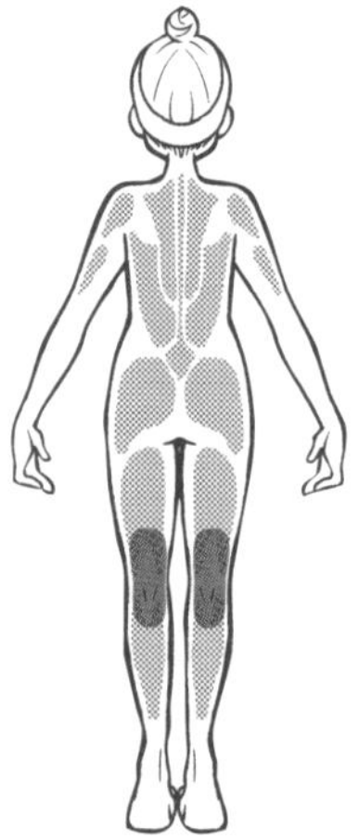

動画でも
Check!!

1日の目安
合計3分

＼バイン／

疲労物質が滞りやすい膝裏に
自然で心地よい刺激を与えて
“巡り”を良好に◎ “むくみ改善”にも◎

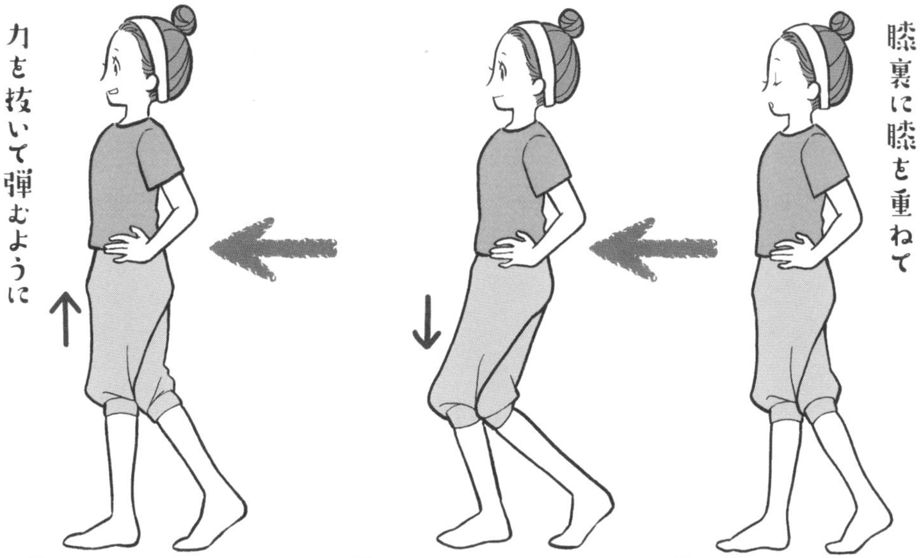

1 まずは基本姿勢。股関節と膝を少し緩め、右膝を左膝の裏側にフィットさせる。

2 上半身の軸を意識。脱力して、さらに膝を緩め、膝裏に心地よい刺激を実感する。

3 股関節と膝を柔らかく活用しながら、リズミカルに上下に“バウンス運動”。逆の足も同様に。

ここがポイント!!

“膝カックン”みたいな動きですが、実際の“膝カックン”をイメージしちゃうとバランスを崩して危険です!!　基本姿勢の軸を大切に!!　安全に楽しくバインバインしてみてください!!

エクササイズだと思わず、リラクゼーションだと思ってラフに弾んでみてください!!　立ち仕事の合間に!!　一日頑張った労いに!!　疲れが溜まってるときの「イタキモチ～♥」は、癖になりますよ!!

脚で遊んで太ももスッキリ!!

内ももヨイヨイヨヨーイ

動画でも
Check!!

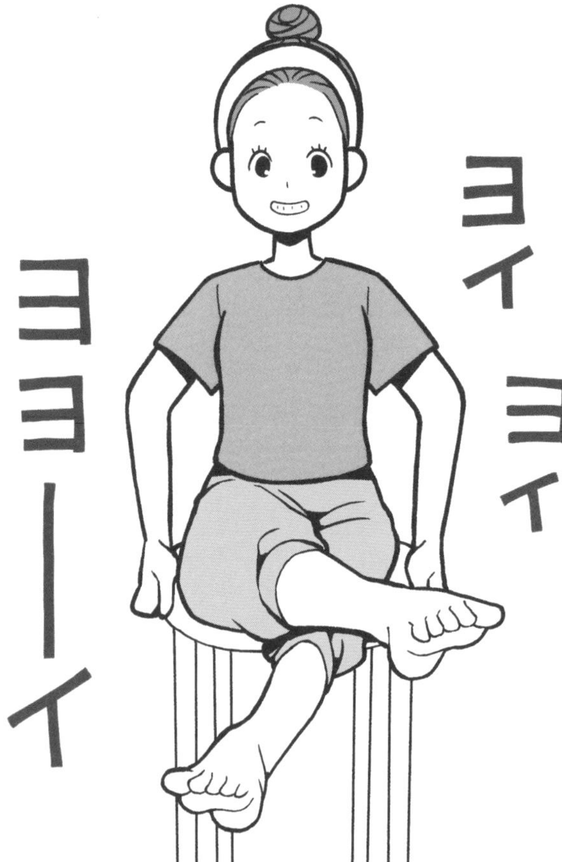

1日の目安
合計3分

ヨヨーイ

ココに効かせたい!!

緩みがちな
内ももの筋肉

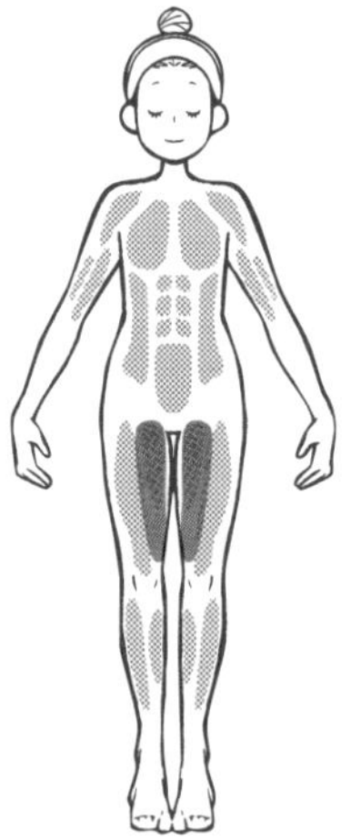

両脚をクロスさせ
“閉じる意識”を持つことで
“内ももの筋肉”に効率よくアプローチ!!
“太ももの引き締め”に効果あり◎

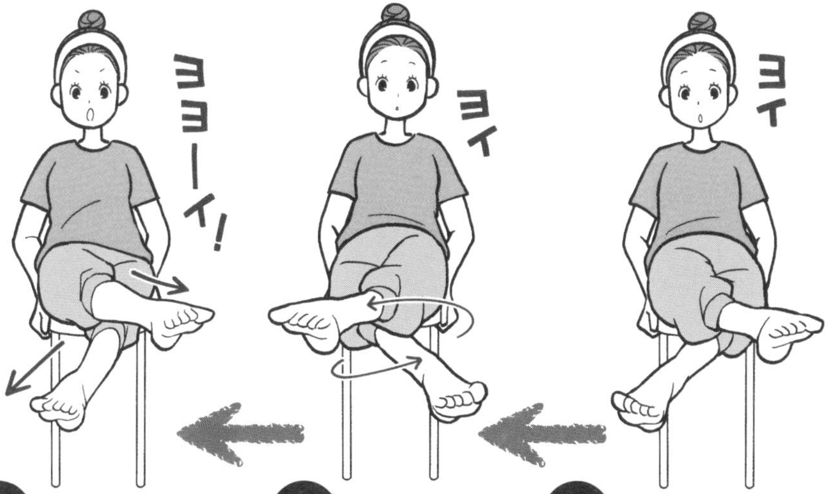

1

まずは基本の座り姿勢。カラダを安定させるため、椅子に手を添えてスタンバイ。“内ももの筋肉”を意識し、伸ばした両脚をクロス。

2

いったんリラックスして脚のクロスを解き、上下を入れ替え再び脚をクロス。

3

リズミカルに“クロス運動”を繰り返す。何回かに一度、“内もも”の意識をさらに高めてクロス&キープ。

足先ヒョイヒョイになってしまってはもったいない!! “内ももの隙間”をゼロにする心意気でクロスしてみてください。“やってるつもり”は、エクササイズの落とし穴!!

ここがポイント!!

横になってもできるよ

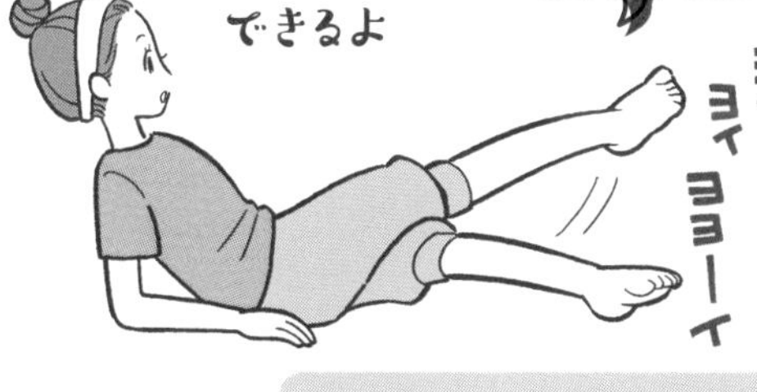

横になってのリラックスタイムにも是非!! ヨイヨイヨヨイと脚遊びする感覚で気軽に楽しんでみてください!! 下っ腹にも効いて一石二鳥ですよ!! “天然のガードル”をGETしちゃいましょう!!

足指ニギニギ

足と手で
恋人つなぎ♡
ギュ♡
お風呂に
浸かりながらでも
身も心も
ほぐれるわ〜
極楽極楽〜♪
ほえ〜
湯舟の中で…
ニギニギ
足指を心地よく広げて
ニギニギ
ツボ刺激で血行促進！
リフレッシュ！
＊足指が痛かったら
無理せず
浅めニギニギでOK
ニギニギ！

Onomatopoeia Diet

エクササイズ.07

全身まとめて
エクササイズする
オノマトペ

“稲妻”になりきって全身エクササイズ!!

稲妻ビリー

ココに効かせたい!!

全身の筋肉

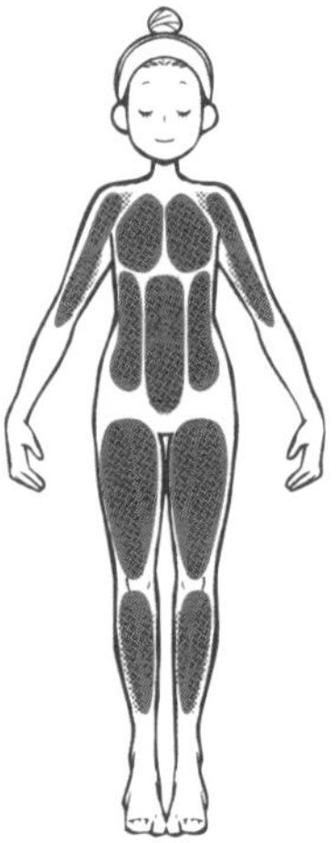

ビリビリ

基本姿勢から
“股関節の屈曲”を意識することで
理想的なアスレティックポジション
（スムーズな動作に適した姿勢）に!!
その姿は、まさに稲妻マーク⚡
体幹部を中心に
“全身の筋肉”を意識することで
“使いやすく痛めづらい”
健美ボディを目指すことができます◎

動画でも
Check!!

1日の目安
合計3分

1

足を腰幅くらいに広げ基本姿勢。両手は胸でクロス。“股関節を折り込む”イメージで少しずつカラダを屈め、“稲妻ポジション”を作り5秒キープ。稲妻を少しずつ浅くし基本姿勢に戻る。ゆっくり丁寧にアップダウンを繰り返す。稲妻の深さは、関節の負担を感じない程度で◎

2

基本形に慣れてきたら両腕を上体の延長線に伸ばし、より“体幹意識”の高まる“稲妻ポジション”に。更に負荷をかけたい場合は“かかと”をUP。“全身の筋肉”をフル活用し、美しい“稲妻ポジション”をキープ。

初っ端から腰を屈めたり膝を曲げにいってしまうと、イビツな稲妻になってしまい、カラダを痛めてしまうリスクも!! まずは股関節→自ずと美しい稲妻に⚡

立ってるときや、荷物を持ち上げようと深々しゃがむときも、常に“股関節”を意識することで、カラダの負担を最小限に◎ 最初は「股関節を…意識…??」って人も多いと思います。 そんな時には…“バケツにお尻をズビビと突っ込む”イメージを!! 騙されたと思って…是非!!

足裏ウニョン

テレビ見ながらでも
できちゃう♪
へぇ〜
タコのマリネか
明日
作ってみよっと♪
ええっ
ヌルリと上げて
ヌルリと下ろす
ウニョーン
タコみたいに
ウ
ニョ
ン
で跳ね上げ
カカトから
足指5本まで
土踏まず以外の足裏
ぜーんぶ使ってみて!
足裏の感覚を
研ぎ澄まして
明日も健康!

Onomatopoeia Diet

特別編

「お悩み体型別」オノマトペレシピ

もしかして私って…寸胴体型!?
「メリハリボディに憧れる小野さん」のお悩み解決

メリハリボディ

昔から
平均的な体重だし…
そんな太ってる
わけじゃないんだけど…
なんだか、カラダに…
メリハリがなくて…

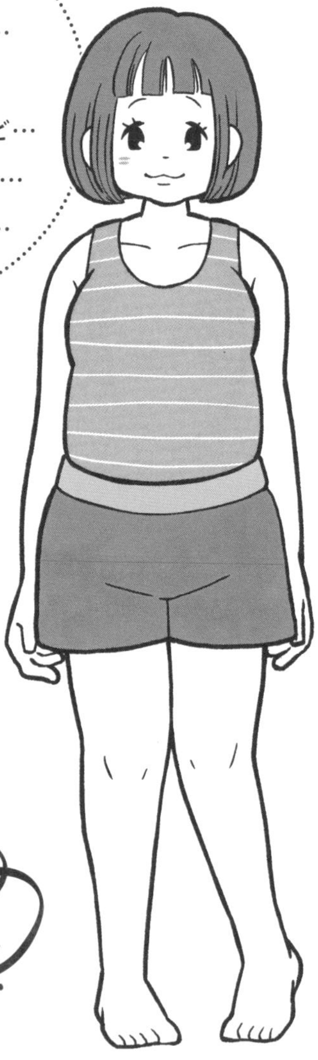

バストやヒップにボリュームがあり健康的な印象ですが、お腹周りにも同じようにボリュームがあり、全体的にストンとしたメリハリが無い体型。

そんな
あなたには…!!

バスト&ヒップの魅力を活かしつつ、ウエストを絞ってボディデザインするのがオススメ!! まずは“くびれ作り“に効果的なエクササイズを中心に取り入れて、砂時計のような“メリハリ健康美“を目指しましょう!!

“メリハリボディ”にオススメの「オノマトペレシピ」

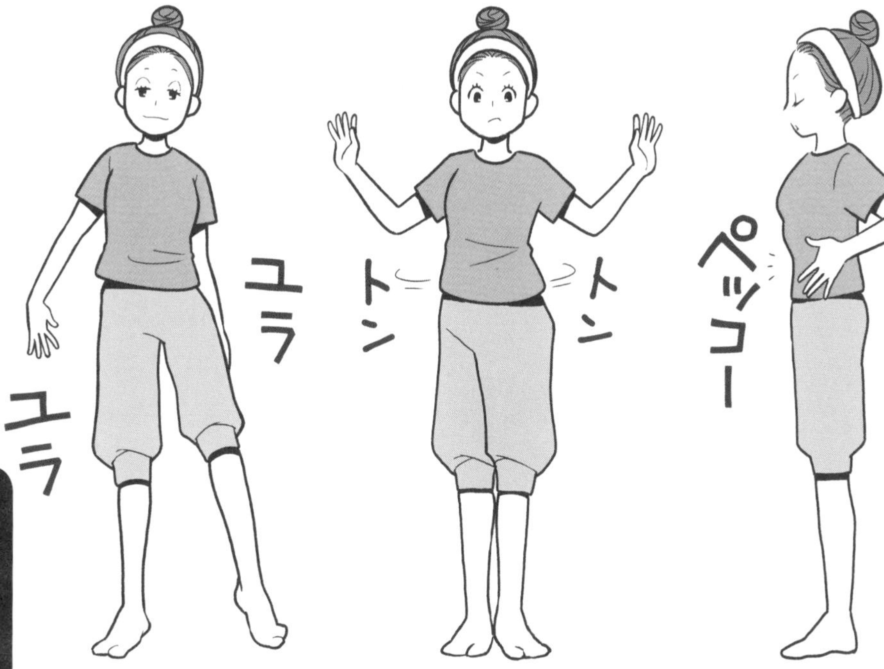

➡くらげユラユラ
（P56参照）

“くびれデザイン”で重要になってくる“脇腹の筋肉”に集中アプローチ!!　普段あまりしない動作なので、眠っている筋肉を目覚めさせ“目に見える変化”を楽しめるかも!!

➡骨盤トントン
（P48参照）

シンプルな“ツイスト運動”でお腹周りに集中アプローチ!!　少しずつトントンする速度を上げていけば、たった10秒で効果を実感することも可能!!　隙間時間に◎

➡お腹ペッコー
（P46参照）

“天然のコルセット”でお腹周りをキュッ!!　腹圧を味方につけることで姿勢も美しくなります!!　ペッコーは、あらゆる生活スタイルに溶け込ませることが可能◎

こちらもオススメ!!「＋α　オノマトペ」

- ➡**お顔ゴシゴシ**（P24）
- ➡**ゴマすりズリズリ**（P52）
- ➡**尻もちタンタン**（P64）

気になるパーツに集中しつつ、持ち前の魅力をさらにUPさせましょう!!
自分だけのボディデザイン…楽しんでみてください!!

／スッキリ下半身／

実はね…下半身ズッシリなの…「脚線美を手に入れたい野間さん」のお悩み解決

上半身が細いので
スリムに見られがち
なんですけど…たまに
パンツスタイルになると
下半身がね…ふぅ…

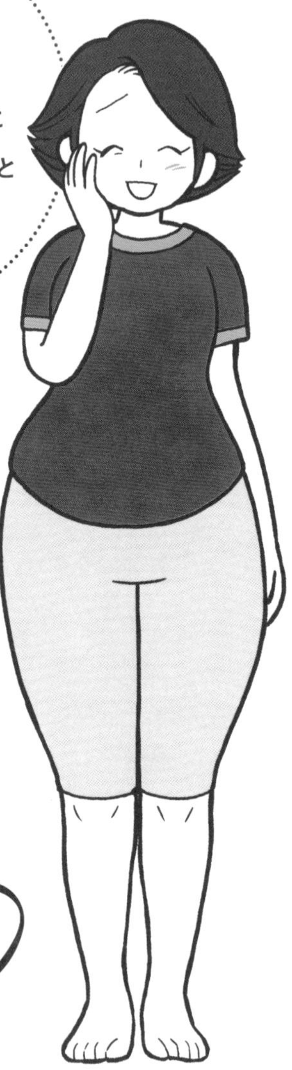

骨盤の幅が広く、上半身に比べて下半身にボリュームがあるタイプ。いわゆる“下半身太り”に悩まされ、脚のむくみも出やすい体型。

そんなあなたには…!!

「筋肉がついて太くなっちゃうし…」と脚トレを避ける方もいらっしゃいますが、ボディビルダーでもなければ簡単に筋肉で太くはなりません◎　下半身エクササイズを取り入れ、骨盤周り～普段意識しづらい内ももや裏ももの筋肉を目覚めさせ、巡り良好な“スッキリ下半身”を目指しましょう!

“スッキリ下半身”にオススメの「オノマトペレシピ」

➡膝裏バインバイン
（P76参照）

“第二の心臓”と称されるふくらはぎの“ポンプ効果”を活用しつつ、滞った膝裏を心地よく刺激!!
目指すは…むくみ知らずの下半身◎

➡後ろベロン
（P62参照）

衰えがちなハムストリングス（裏ももの筋肉）に集中アプローチ!! 脚トレの鍵を握るのは、普段あまり意識しない“後ろ側”。バランスのとれた脚線デザインを!!

➡ひし形ニュ〜
（P60参照）

内もも＆お尻に集中アプローチし、締まりのある“骨盤周り”をゲット!! 股関節を柔軟に活用することで、動きやすいカラダに!! 全身の巡りも良好になりますよ◎

こちらもオススメ!!「＋α オノマトペ」

➡**お胸ヨイヨイヨヨーイ**（P28）

➡**内ももモジモジ**（P70）

➡**内ももヨイヨイヨヨーイ**（P78）

粘土細工のように、余分なトコは削ぎ落として…欲しいトコには付け足す!!
→理想論ではありますが、ボディメイクイメージとしては…アリ◎

近頃、心身共に落ち込みがちで…「シャキッ!!っと変わりたい戸部さん」のお悩み解決

職業柄
デスクワークで
背中が丸～く…
首と肩の凝りにも悩まされ
なんだか気持ちまで
沈んでしまって…

歪んだ姿勢で長時間のデスクワーク→筋肉がガチガチになり→良好な巡りが妨げられ→“凝り”や“体調不良”の悪循環に!! 猫背によって呼吸も浅くなりがちなタイプ。

そんなあなたには…!!

首や肩の“凝り”に悩まされているときは、“患部”に直接アプローチするよりもカラダの“基本”に着目してみて!! 姿勢を見直すことで体幹部の筋肉が目を覚まし、気がついたら首肩スッキリ!! なんだかんだで“急がば回れ”が近道◎

“健やか美姿勢”にオススメの「オノマトペレシピ」

➡ボートギーコギーコ
（P38参照）

普通に生活していると、なかなか意識して鍛えることのない“背中の筋肉”。体幹部の軸となりカラダを支えてくれているのは“背骨”。その“背骨”を直に支えているのは“背筋”。背中に目を向けると…カラダは変わりますよ◎

➡背中チクタク
（P32参照）

ガチガチに固まった“肩甲骨周り”をリラックスしながらほぐすことで、胸も健やかに開き、悪循環も好循環に◎　肩周りの“ストレッチ効果”もあるので、仕事の合間に是非!!
ポイントは、リラックスしながらのチクタク!!

➡キーホルダーでピュ〜（P6参照）

“良好な姿勢=疲れる姿勢”と思ってませんか!?　実は逆で、“健やかな姿勢=楽な姿勢”なんです◎　デスクワークが続くときは、30分を目安に一度、深呼吸しながら気持ちよくピュ〜!!
まず気持ちが上向きに⤴

こちらもオススメ!!「+α オノマトペ」

- **➡背筋WV**（P42）
- **➡お腹ペッコー**（P46）
- **➡面接ヴゥゥゥ**（P54）

骨格を支え姿勢維持に深く関係するのが、体幹部のインナーマッスル◎　今から意識を高めておけば、10年後…20年後…未来のアナタもシャキッと美しく!!

【オノマトペ】は…アナタ次第!!
楽しく活用してカラダもココロも健やかに!!

『オノマトペダイエット』いかがでしたでしょうか？

朝、目覚めたとき…
歯磨きしながら…
電車に揺られて…
テレビ見ながら…
お仕事の合間に…

皆さんの生活の中にスッと溶け込みそうなエクササイズは、ありましたでしょうか？

健康的で美しいカラダ作りで、やはり大切なことは〝継続〟。会うたびに「明日からダイエット始める！」と宣言する人、僕の周りにも結構います。〝始める〟と〝終える〟を繰り返すのではなく、ダイエット＝〝一生モノ〟というイメージを持ってみてください。歯磨きするように、お風呂に入るように、スマホを手にするように、日常生活の中にス～ッと溶け込ませ、〝続けている〟という感覚すら持たず、無理なく極自然にエクササイズ。くれぐれも、「今日からオノマトペダイエットを始める！」と意気込まないでください。水に塩を溶かすように…少しずつ少しずつ…自分自身に〝合うもの〟だけ…生活に溶け込ませてあげてください。そうすることで、「楽しみながら毎日過ごしてたら、いつの間にか窮屈だったジーパンがブカブカになってて！」なんて日も、きっと遠くはないですよ！　何はともあれ【オノマトペ】を楽しく活用して、カラダもココロも健やかに！

ここでひとつ…
今回ご紹介した【オノマトペ】は、あくまでも一つの提案です。「ネジネジ」が「ニョロニョロ」「ギュルギュル」でも構いませんし、「ヨイヨイヨヨーイ」にこだわる必要もありません。感覚は十人十色。皆さん自身にフィットする【Myオノマトペ】でエクササイズを楽しんでみるのもオススメです。【オノマトペ】は…アナタ次第！

おわりに

最後に…
心強いお言葉で支えてくださった監修の林田先生。本書に命を吹き込んでくださったイラストレーターの前川さん。僕のリクエストに温かく耳を傾け〝カタチ〟にしてくださった制作・クリエイターの皆様。
本当に有難うございました。

最後の最後に…
無数の本の中から本書を手に取り、そしてご拝読頂いた皆様に深く感謝申し上げます。本当に本当に有難うございます。微力ながら、皆様の〝健美ボディ作り〟のお手伝いができましたら幸いでございます。

…はい!!
まずは笑顔!!
そして基本姿勢!!

キーホルダーで…
ピュ～!!

2021年11月　進藤学

Onomatopoeia Diet

STAFF

著　　者：進藤学

イラスト：前川さなえ

監　　修：林田はるみ（桐蔭横浜大学教授）

編　　集：21世紀BOX

カメラ（動画・スチール）：河村正和

デザイン：有希デザイン事務所／吉田有希

進藤学（しんどう　がく）

俳優・タレント・エクササイズクリエイター

ダイエットインストラクター・ボディメイクインストラクター

1980年1月7日生まれ。東京都出身。立教大学法学部卒業。アルゼンチンタンゴダンサーとして活動したのち、2005年に俳優デビュー。"健美の伝道師"としても精力的に活動している。著書に『オチョダイエット 8の字が作りだす究極ボディ』、『オチョリズム 8の字で痩せるダンスエクササイズ』（いずれも双葉社）がある。

らくらく簡単《かんたん》!!

全身《ぜんしん》やせ＆部分《ぶぶん》やせ

オノマトペダイエット

2021年11月21日　第1刷発行

発　行　者　島野浩二

発　行　所　株式会社双葉社

〒162-8540　東京都新宿区東五軒町3-28

[電話] 03-5261-4818（営業）

03-5261-4827（編集）

http://www.futabasha.co.jp/

（双葉社の書籍・コミック・ムックが買えます）

印刷所・製本所　中央精版印刷株式会社

装丁・デザイン　有希デザイン事務所

編　集　21世紀BOX

ISBN978-4-575-31672-8　C0076